# 어른이 미안합니다

괜찮은 척, 어른인 척…
그렇게 버티는
우리 모두에게

이진우
지음

"괜찮아요, 우리 모두 그렇게 배우는 중이에요.
우리는 분명 더 나은 어른이 될 수 있어요."

논어, 맹자, 대학, 중용, 도덕경, 장자… 고전에서 찾은 마음의 나침반

바른북스

## 들어가는 말

어른이란 뭘까요?

단순히 나이나 외형의 문제를 넘어, 존재의 깊이와 관계의 태도 그리고 삶에 대한 책임의 자세를 부단히 고민하는 사람이 아닐까 싶어요. 누군가의 부모였고, 누군가의 교사였으며, 누군가의 선배이자 누군가의 기준이 되어야 했던 사람으로 살고 있는 저를 사회는 '어른'이라 불렀고 저도 그 이름에 걸맞은 사람처럼 보이려 애썼습니다. 하지만 아주 깊은 밤, 창밖의 공허한 공기는 마음 깊숙이 스며든 외로움에게 조용히 묻곤 했습니다. '정말 이대로 괜찮은 걸까?' 하고요.

'과연 나는 진짜 어른이었던 적이 있었을까?' 생각에 잠겼습니다. 우리는 종종 어른이 된다는 것을 나이의 숫자에서 찾습니다. 또 어떤 이는 경험의 양에서, 사회적 위치에서, 말투나 태도에서 그 기준을 찾기도 하지요. 하지만 살아가며 더 많은 사람을 만나고 더 많은 관계 속에 엮일수록 깨닫게 됩니다. 나이를 먹는다고 어른이 되는 건 아니고, 경험이 많다고 성숙해지는 것도 아니라는 것을요.

저는 아이 앞에서 지친 어른이었습니다. 늘 바쁘다는 핑계로 귀 기울이지 못했고 내 감정 하나 다스리지 못한 채 아이의 마음을 몰라주었습니다. 그리고 학생 앞에서는 무례한 어른이었습니다. 권위를 앞세워 질문을 막았고 때로는 침묵을 강요하며 훈계했습니다. 또, 후배 앞에서는 오만한 어른이었습니다. 조언이라는 이름으로 일방적으로 말했고 그들의 열정과 생각을 평가하려 들었습니다. 무엇보다 내 자신 앞에서는 자주 부끄러웠습니다. 늘 좋은 사람이 되고 싶었고 모범이 되고 싶었지만 실상은 그 기준에 도달하지 못한 채 서성거렸습니다.

이 책은 저를 어른이라 불러준 그들에게 보내는 사과의 글입니다.
아이에게, 제자에게, 후배에게, 그리고 함께 살아온 모든 사람에게 어른답지 못했던 날들을 떠올리며 깊은 반성과 고백을 담았습니다. 그래서 이 글이 완벽한 어른이 되고 싶은 이의 선언문이 아니라 아직도 어른이 되는 길 위에 서 있는 한 사람의 기록이라 여겨주세요. 부끄럽지만 그 마음에서부터 시작하려고 합니다. 부끄러움을 외면하지 않고 꺼내놓을 수 있다면 그것이 바로 새로운 어른다움의 시작이 될 수 있다고 믿습니다.

사실 우리는 모두 어른이 되는 중입니다.
누구도 완성된 어른으로 태어나지 않습니다. 때론 부족하고, 때론 실수하고, 때론 이기적일 수밖에 없습니다. 하지만 그 모든 실수와 부끄러움 위에 스스로를 다시 세우려는 의지만 있다면 우리는 더 나은 어른이 될 수 있다고 생각합니다. 어른이라는 이름이 부끄러워 고개를 숙인 이들과 함께 나누고 싶습니다.

"괜찮아요, 우리 모두 그렇게 배우는 중이에요. 하지만 지금 이 마음을 기억하고 멈추지 않는다면 우리는 분명 더 나은 어른이 될 수 있어요."

살면서 겪은 수많은 시선과 기대, 때로는 질책과 외면, 그 모든 것을 통과하며 이 자리에 섰습니다. 지금도 완벽한 어른은 아니지만 적어도 더 좋은 어른이 되고자 노력하는 중입니다. 이 책이 누군가의 마음을 조금이라도 위로할 수 있기를 바랍니다. 그리고 또 누군가에게는 지금의 어른 됨을 되돌아보게 하는 작은 울림이 되기를 바랍니다. '어른이 미안하다'고 진심으로 말할 수 있는 용기가 결국 우리를 더 나은 어른으로 만들어 줄 거라고 믿습니다.

이 책은 완성된 어른의 이야기라기보다 여전히 성장하고 있는 어른의 기록입니다. 어른이라고 해서 모든 걸 잘하는 것은 아니니까요. 낯선 환경 앞에서 여전히 두렵고, 익숙하다고 믿었던 일에서조차 실수하며 관계를 망칠 때도 있습니다. 나이가 들수록 삶의 해답에 가까워질 줄 알았지만, 오히려 선택은 더 어려워지고 때로는 스스로가 낯설게 느껴지기도 했습니다. 누군가 손을 잡고 길을 안내해 준다면 얼마나 좋을까요. 하지만 어른이 된다는 건 이제는 누군가의 손을 기다리기보다 스스로 손을 내밀 줄 아는 용기를 갖는 일인지도 모릅니다. 그런 순간마다 저는 마음의 나침반이 필요했습니다. 감정에 휘둘리지 않으면서도 자신을 돌아볼 수 있는 기준. 흔들림 속에서도 중심을 잡아주는 조용한 가르침. 그 답을 저는 고전에서 찾았습니다.

『논어』와 『맹자』는 사람을 대하는 바른 태도를 알려주었고, 『대학』과 『중용』은 균형 잡힌 삶의 길을 일러주었습니다. 『도덕경』과 『장자』는 내려놓음과 비움의 지혜를 통해 세상의 흐름 속에서도 나를 잃지 않도록 해주었습니다. 이 책은 그러한 고전의 문장들과 저의 고백을 함께 엮어낸 어른 됨에 대한 사적인 기록입니다. 총 네 개의 장으로 구성되어 있으며, 1장에서는 부모로서 서툴렀던 제 발자국들을 따라가고, 2장에서는 교사로서 잃어버렸던 태도와 책임을 되짚습니다. 3장에서는 선배이자 어른으로서 무심히 던졌던 말과 행동이 남긴 무게를 돌아보고, 마지막 4장에서는 그런 모든 부끄러움을 끌어안은 채 다시 어른으로서 걸음을 내딛으려는 다짐을 담았습니다.

꼭 처음부터 읽지 않으셔도 됩니다. 지금 당신의 마음이 머무는 지점, 당신의 삶에 가장 가까운 장면에서 시작하면 어떨까요. 부끄러움을 마주하는 데에 정해진 순서는 없으니까요. 아이를 키우는 부모라면 첫 장이 말을 걸어올 것입니다. 교육의 현장에 있는 분이라면 두 번째 장에서 고개를 끄덕이게 될 것이고, 조직이나 사회 속에서 관계의 어려움으로 지친 분이라면 세 번째 장에서 조용한 위로를 얻을 수 있을지도 모릅니다. 그리고 '어른답게 산다'는 말 자체가 무겁게 느껴지는 지금이라면 마지막 장에서부터 읽으셔도 괜찮습니다. 당신에게 꼭 필요한 한 문장, 한 장면이 이 책 속 어딘가에 놓여 있기를 바랍니다. 고전이 들려주는 조언과 저의 고백이 당신의 오늘에 작게나마 따뜻한 빛이 되어주기를 바랍니다. 저 역시 그런 문장들과 고전의 말들 속에서 저만의 빛을 찾아가고 있답니다.

마지막으로, 언제나 저를 아껴주고 믿어주시는 장인어른, 장모님, 처남 그리고 '함께'의 의미를 느끼게 해주는 아내와 두 아들에게 이 마음을 전합니다. 그리고 불러도 불러도 그립고 아픈 어머니와 누나들에게 이 책을 통해 늦은 감사와 사랑의 인사를 조심스럽게 올립니다.

2025년 7월
이진우

# CONTENTS

🌱 들어가는 말 ——————————————— 3

## Ⅰ. 부모가 처음이라 서툴렀습니다

1. 자꾸 비교하며 아쉬움을 말했어요 • 15
2. 내 꿈을 아이에게서 이루려 했어요 • 19
3. 오늘은 이렇게, 내일은 저렇게 흔들렸어요 • 23
4. 기본을 먼저 가르치지 못했어요 • 27
5. 중요한 건 알려주지 못했어요 • 30
6. 결핍의 소중함을 알려줬어야 했는데… • 34
7. 사랑한다는 말을 왜 그렇게 아꼈을까요 • 38
8. 고맙다는 말을 자주 잊었어요 • 42
9. 내 자식 이전에, 하나의 사람입니다 • 47
10. 행복한 모습을 보여주지 못했어요 • 51
11. 나도 실수하면서 아이의 실수는 용납하지 못했어요 • 55
12. 믿지 못하고, 자꾸 확인하려 했어요 • 59

## Ⅱ. 교사지만 스승은 아니었습니다

1. 말보다 먼저 목소리가 높았어요 • 65
2. 이름보다 성적표로 먼저 기억했어요 • 68
3. 배우려 하지 않았어요 • 72
4. 세상이 변해도 나는 그대로였어요 • 76
5. 듣는 척만 했어요 • 80
6. 외면했어요, 일부러요 • 84
7. 교사는 학생으로부터 시작됨을 잊었어요 • 88
8. 내 감정을 학생에게 떠넘겼어요 • 92
9. 다름을 인정하기보다 똑같이 하기를 바랐어요 • 96
10. 학교에서 하루가 아이의 전부란 걸 잊었어요 • 100
11. 감정을 읽는 것보다 규칙을 먼저 봤어요 • 104
12. 밝은 말을 건네는 데 인색했어요 • 108
13. 안 될 이유부터 찾았어요 • 112

Ⅲ. 선배라고 다 아는 것은 아니었습니다

1. 이유 없이 화부터 냈어요 • 119
2. 돈이 전부인 것처럼 말했어요 • 122
3. 어리다고 가볍게 봤어요 • 126
4. 잘못을 봐도 모른척했어요 • 130
5. 지켜야 할 것을 지키지 못했어요 • 133
6. 무례하게 굴었어요 • 137
7. 친절이 어색했어요 • 141
8. 책임을 회피했어요 • 145
9. 함께하는 걸 귀찮아했어요 • 149
10. 옳음보다 편함을 택했어요 • 153
11. 나는 멈춰 있었습니다 • 157
12. 옆에 있다고 화합이 아닙니다 • 161

## Ⅳ. 어른답지 못했습니다

1. 사랑은 여전히 배워야 합니다 • 167
2. 이해하려 하지 않았어요 • 171
3. 겸손을 자주 잊었어요 • 175
4. 성실은 말뿐이었어요 • 178
5. 진심을 마음으로만 가지고 있었어요 • 182
6. 자유와 방임을 혼동했어요 • 186
7. 유연하지 못하고 고집을 부렸어요 • 190
8. 참지 못하고 쉽게 포기했어요 • 194
9. 열정을 잃고 무기력했어요 • 198
10. 삶을 정리하며 살지 못해서 미안합니다 • 202
11. 매너 없는 태도를 보였어요 • 205
12. 어른이라는 이름이 부끄럽습니다 • 209

🌱 나오는 말 ——————————————— 213
🌱 참고도서 ——————————————— 215

# I

# 부모가 처음이라 서툴렀습니다

# 1. 자꾸 비교하며 아쉬움을 말했어요

"아빠, 나 요즘 조금 속상해."
"왜?"
"아빠는 내가 뭘 해도 '누구는 더 잘했대', '옆집 애는 이랬대'라고 그런 말만 해."
"그냥 잘하자는 뜻이었지, 네가 못났다는 말은 아니었어."
"근데 아빠는 나한테 '잘했어'라고 한 적이 없는 것 같아."

저녁 식사 중 아이가 꺼낸 말에 나름 대답을 하였지만 시원한 대답을 하지 못한 것 같습니다. 자기 전까지 아이의 속상한 표정이 사라지지 않았고 잠든 아이의 얼굴을 보며 조용히 생각해 보았습니다. 정말 그랬습니다. 시험을 잘 봐도 잘했다는 칭찬보다 "몇 개 틀렸어?"라고 말했고, 그림을 그려 와도 잘 그렸다는 말보다 "네가 몇 살 때부터 학원에 다닌 줄 아냐?"라며 가볍게 넘겼습니다. 기특한 행동을 해도 "그건 누구나 할 수 있는 일이야."라며 당연한 일로 간주했습니다.

그 모든 말들이 결국은 아이에게 '넌 아직 충분하지 않다'는 메시지로 들렸겠지요. 물론 저도 기뻤지만 아이의 노력이 아쉬운 나머지 '더 잘하라는 의미'로 말한 것뿐이었습니다. 하지만 그 말들이 아이의 마음을 꺾고 있었다는 것을 몰랐습니다. 늘 '너를 믿는다'고 말하면서도 정작 행동으로는 그 믿음을 보여주지 못했다니 너무 부끄러웠습니다.

다음 날 아침, 등굣길 아이를 안아주며 물었습니다.
"혹시 아빠가 너랑 다른 애들과 비교한 적이 많았어?"

아이는 조용히 고개를 끄덕였습니다.
"나도 처음엔 괜찮았는데, 계속 그러니까 내가 잘못하고 모자라는 것 같았어. 사랑받는 느낌보다 내가 뭘 계속 못해서 혼나고 있다는 생각에 기분이 나빠졌어."

사랑해서 한 말이었지만 그 사랑이 아이에게는 조건을 제시한 것처럼 느껴졌다는 사실이 너무나도 아팠습니다. 비교는 사랑이 아니었습니다. 동기부여도 아니었고 격려도 아니었습니다. 상처였고 외면처럼 느껴졌던 것입니다. 냉정한 세상이라 조금이라도 경쟁력을 갖추지 않으면 남들보다 뒤처지고 결국 도태되고 말 거라는 불안은 아이들의 내면을 보지 못하고 말았습니다. 돌아보면 그 불안과 초조함은 제 몫이었지 아이의 몫이 아니었습니다.

『장자(莊子)』 내편 「제물론(齊物論)」에서는 이렇게 말합니다.

> 是亦彼也 彼亦是也, 彼亦一是非 此亦一是非, 果且有彼是乎哉
> 시역피야　　시역시야　　　피역일시비　　차역일시비　　　과차유피시호재
> 果且無彼是乎哉.
> 과차무피시호재
>
> 이것이 또한 저것이 될 수도 있고, 저것이 또한 이것이 될 수도 있다. 그러므로 저것에도 하나의 시비가 있고 이곳에도 하나의 시비가 있다고 할 수 있는데, 그렇다고 한 사물에 대해 과연 저것, 이것이라 할 게 있겠는가? 진정 저것, 이것이라 할 게 없을 것이다.

장자는 세상을 바라보는 비교와 분별을 내려놓고 각자의 삶과 시선에 고유한 가치가 있음을 강조합니다. 누군가에게 옳은 것이 다른 이에게도 옳을 수는 없으며, 기준은 절대적이지 않다는 통찰을 담고 있지요. 그래서 "비교는 사랑이 아니었다", "그건 나의 불안이었을 뿐"이라고 말하지요. 장자의 이 말은 아이마다 자기만의 기준과 가능성이 있음을 인정하고 받아들이는 참된 '비교 없는 시선'을 가르쳐 줍니다. 결국, 부모가 해야 할 일은 자식을 어떤 기준에 끼워 맞추려 하기보다, 있는 그대로 바라보는 지혜를 가지는 것입니다.

이 말은 꼭 저에게 하는 말 같았습니다. 저는 그동안 아이를 보며 '잘하고 있는지', '성공하고 있는지'만 보려 했지 '얘가 어떤 마음으로 여기에 있는 걸까?', '지금 어떤 눈빛으로 나를 보고 있는 걸까?'를 놓쳤던 거죠. 아이를 있는 그대로 바라보지 못했던 것이었습니다. 아이의 속도, 아이의 방식, 아이의 가능성을 신뢰하지 못하고, 늘 어딘가 부족한 사람처럼 대하고 말았습니다. 부모로서 가장 먼저 해야 할 일은 '사랑

한다'는 마음을 비교 없이 전하는 것입니다. 내 아이가 어떤 특별한 무언가를 하지 않아도 그저 곁에 있다는 이유만으로 감사하고 소중하다는 사실을 말로, 태도로, 눈빛으로 보여주는 것입니다.

이제는 생각합니다. 아이에게 가장 필요한 말은 "넌 왜 그걸 못했니?"가 아니라, "그렇게 해줘서 고마워."와 "너는 너답게 참 멋져."라는 말이라는 것을요. 더는 비교하지 않겠습니다. 그 비교는 아이를 위한 것도 아니었고 사실은 제 마음속 불안을 덜어내기 위함이었어요.

미안합니다.
있는 그대로의 너를 바라봐 주지 못해서,
네 안의 특별함을 일찍 알아보지 못해서,
내 욕심과 불안을 네 삶에 투영한 것 같아서…

부모로서 저는 아직도 배워가는 중입니다. 하지만 이제는 확신할 수 있습니다. 비교를 멈추는 순간, 진짜 사랑이 시작된다는 것을.

## 2. 내 꿈을 아이에게서 이루려 했어요

"아빠, 나 그림 그리는 학원 다니면 안 돼? 오늘 미술 시간에 선생님이 내 그림 보고 '너 그림 잘 그린다'고 했어. 너무 재밌었어."

갑작스럽기도 하고 뜬금없는 일이라 저는 웃으며 말했습니다.
"그런 건 취미로 해도 돼. 학원은 영어랑 수학 먼저 다녀야지. 그림은… 시험에도 안 나오고, 나중에 해도 되지."

아이는 제 말에 눈치를 본 뒤 밥을 먹을 때도, 텔레비전을 볼 때도 뭔가 말하려는 듯하다 말았습니다. 저는 이 말을 잊어버렸죠. 그런데 며칠 뒤 저녁 식사 후에 불쑥 말하더라고요.
"근데 나 진짜 그림 그리는 사람이 되고 싶어. 만화가나 일러스트레이터 같은 거…"

그 말에 저는 무심하게 고개를 저으며 말했죠.
"글쎄… 그림 그려서 먹고사는 건… 어렵지 않을까? 현실적으로 힘들 거야."

그 순간 아이의 얼굴이 굳어졌습니다.

"…근데, 나는 그게 제일 하고 싶은 건데…"

말을 마치지 못한 아이는 조용히 방으로 들어갔고 문이 닫히는 소리 뒤에 남은 정적이 이상하게 마음을 찌르더군요. 한참이 지나도 방으로 들어가던 뒷모습이 자꾸 떠올라 불편해졌습니다. 돌아보면 아이가 틀린 말을 한 게 아니었습니다. 문제는 저였습니다. 아이를 위한다는 명분으로 저는 어른의 시선과 잣대를 아이의 삶에 들이대고 있었던 겁니다. 저 역시 한때 시인이 되고 싶었습니다. 대학 시절, 밤새워 시를 쓰고 공모전에 원고를 붙들고 있었죠. 하지만 '글로는 살아갈 수 없다'는 현실 앞에서 결국 다른 길을 선택했고 그 꿈은 과거에 묻혔습니다. 그때부터였을 겁니다. 꿈을 현실 앞에서 꺾는 게 당연하다는 듯 말하기 시작한 것이 문제였습니다. 그러다 보니 정작 내 아이가 '무언가를 진심으로 하고 싶다'고 말했을 때 감동보다 불편함이 먼저 밀려왔습니다. 정답이 아님에도 '꿈은 현실과 다르다'는 말, 사실은 그 어떤 변명보다 이기적인 말이었습니다.

부모는 자식을 사랑합니다. 하지만 그 사랑은 때로 욕심으로 바뀌기도 합니다. 그 욕심은 '걱정'이란 이름을 쓰고, '설득'이라는 포장지를 둘러 아이를 조용히 조종하기 시작합니다. 아이가 자신의 길을 선택하려 하면 불안해지고, "그건 나중에 해도 돼."와 "더 안정된 길이 있어."라는 말로 아이를 붙잡습니다. 하지만 그런 선택은 아이의 인생이 아니라 부모의 불안을 잠재우기 위한 연장선일 뿐입니다.

『중용(中庸)』 제14장에서는 이런 말씀이 있습니다.

> **君子素其位而行, 不願乎其外.**
> 군자소기위이행    불원호기외
>
> 군자는 자신이 처한 위치를 바탕으로 행동할 뿐, 그가 처한 위치를 벗어난 행동을 바라지 않는다.

이 말은 결국 자기 몫의 삶을 살아야 한다 또는 있는 자리에서 분수를 지키라는 메시지를 담고 있습니다. 부모가 아이의 삶을 대신 설계하려는 것은 자기 자리에서 벗어나 아이의 자리에 개입하는 행위입니다. 그 순간부터 아이는 자기 선택의 권리를 잃고 부모의 삶을 반복하거나 그 반대로 도망치려는 패턴 속에 갇히게 됩니다. 실제로 진로를 스스로 선택하지 못한 아이일수록 성인이 된 후에도 자신의 인생에 책임을 지지 못하는 경우가 많습니다. 왜냐하면 그 인생은 처음부터 '자기 것'이 아니었기 때문입니다.

부모가 짜준 삶에서 실패했을 때 아이는 이렇게 말하게 됩니다. "내가 잘못한 게 아니야. 내가 원한 길이 아니었거든. 아빠가 원했던 거야." 그 말은… 정말 듣고 싶지 않은 말입니다. 부모가 되어 아이의 인생을 설계하려 했던 결과가 아이와의 관계까지 멀어지게 만듭니다. 부모는 아이의 안내자가 되어야지 대신 살아주는 존재가 되어서는 안 됩니다. 더 나아가 아이를 통해 과거의 아쉬움을 복구하려 한다면, 그것은 결국 아이를 감정의 도구로 삼는 것입니다. 겉으론 사랑처럼 보일 수 있지만 그것은 대리 만족이며 미완의 꿈에 대한 집착입니다.

내가 이루지 못한 꿈을 너를 통해
다시 꺼내 보려 했던 것 같아 미안해.
그게 너를 위한 일이라 믿었지만 결국은
나 자신을 위한 일이었다는 걸 이제야 알겠다.
내가 못 했으니 너라도 했으면 좋겠다는 그 마음이
네 길을 막고 있었던 것 같아.
이제부터 너의 선택을 진심으로 응원할게.
네가 어떤 길을 택하든 그 시작이 너의 의지였다면
나는 기꺼이 그 길을 함께 걸어주는 사람이 되고 싶어.
너의 삶은 너의 것이란다.
나는 너의 꿈을 믿어.

## 3. 오늘은 이렇게, 내일은 저렇게 흔들렸어요

"아빠, 나 오늘 TV 보면 안 돼?"
"숙제 다 했으면 30분은 괜찮아."

그날은 제가 기분이 좋아서였을까요. 별 고민 없이 그렇게 말하니 아이는 신나게 리모컨을 들었습니다. 그런데 며칠 뒤 같은 시간에 같은 상황에서 아이가 묻자 저는 짜증 섞인 목소리로 말했습니다.
"지금이 몇 신데 TV야? 시간 아까운 줄도 모르니?"

아이는 당황한 얼굴로 말했습니다.
"그때는 봐도 된다고 했잖아…"
"그때는 그때고, 오늘은 오늘이지!"

아이의 얼굴에서 기운이 빠져나가는 게 느껴졌습니다. 말은 없었지만 분명 이런 생각을 하고 있었을지도 모릅니다.
'아빠 말은 언제 또 바뀔지 몰라.'
'어떻게 해야 혼나지 않는 건지 잘 모르겠어.'

어느 날은 "성적보다 마음이 중요해."라고 말해놓고, 다음 날은 "점수가 이게 뭐야, 대충 한 거 아니야?"라고 나무랐습니다. 어느 날은 "친구랑 다툴 수도 있지, 그럴 땐 네 마음부터 잘 들여다봐."라고 했지만 며칠 뒤 비슷한 상황에서는 "그건 네가 잘못한 거야, 그런 말 하면 안 되지!"라고 단호하게 혼냈습니다.

생각해 보면 저는 아이에게 일관된 기준 없이 다른 말, 다른 기준을 말해왔던 것 같아요. 그날의 기분에 따라, 내 하루가 어땠는지에 따라, 혹은 주변의 시선과 기대에 따라 기준이 이랬다저랬다 자꾸 바뀌었습니다. 그 변화가 제게는 사소하게 느껴졌지만 아이에게는 세상의 기준이 흔들리는 일이었겠죠.

아이들은 부모의 말과 행동을 통해 세상의 규칙과 기준을 배웁니다. 그런데 기준이 하루에도 몇 번씩 바뀌면 아이는 '무엇이 맞는지'보다 '어떻게 해야 혼나지 않을지'를 먼저 생각하게 됩니다. 그러다 보면 진심보다는 눈치가 먼저 자라고 스스로 결정하기보다 회피하는 습관이 생깁니다.

『대학(大學)』 경 제1장에서 이런 말씀이 있습니다.

> **物有本末, 事有終始, 知所先後, 則近道矣.**
> 물유본말      사유종시      지소선후      즉근도의
>
> 만물에는 뿌리와 가지가 있고, 일에는 처음과 끝이 있다. 무엇이 먼저이고 무엇이 나중인지 알면, 도에 가까워진다.

이 문장의 뜻은 삶에 있어 기준과 순서가 분명해야 올바른 길을 걸을 수 있다는 말입니다. 부모의 말과 행동이 제각각이라면 아이는 삶의 본말(本末)과 선후(先後)를 분간하기 어려워지고 결국 자기 기준을 잃게 됩니다. 사실 저도 아이가 혼란스러워한다는 걸 모른 건 아니었습니다. 하지만 "지금은 내가 너무 피곤해서 그래." "그땐 네가 상황을 좀 다르게 만들었잖아."라는 식으로 자꾸 제 감정과 피로를 '정당한 이유'로 내세웠습니다. 그건 결국 제가 책임져야 할 부분을 아이에게 떠넘긴 것이었습니다. 그렇게 조금씩 아이와 나 사이의 '신뢰'가 희미해지고 있었습니다. 아이의 마음속에는 부모에 대한 믿음이 자라야 합니다. 그 믿음은 대단한 말에서 시작되는 게 아닙니다.

"아빠 말은 진짜구나."
"약속은 꼭 지켜지는 거구나."
"아빠는 늘 같은 마음으로 나를 대하는구나."

이런 작은 경험들이 쌓이고 쌓여 아이에게는 세상이 믿을만한 곳이라는 안정감이 생기는 거잖아요. 아이에게 사랑을 주는 것 못지않게 신뢰할 수 있는 기준을 보여주는 것이 중요하다는 사실을 다시 한번 깨닫습니다.

*너는 나의 말에 따라 움직이며*
*매일매일 삶을 배우고 있었는데,*
*나는 내 감정과 피로에 따라 기준을 흔들며*

Ⅰ. 부모가 처음이라 서툴렀습니다

네 마음을 어지럽히고 있었구나.
진심으로 미안하다.
앞으로는 나부터 먼저 기준을 지킬게.
내가 정한 원칙은 쉽게 뒤집지 않고
내가 말한 약속은 감정에 휘둘리지 않을게.
그래야 너도 '내가 지켜야 할 것이 무엇인지'를
자연스럽게 배워가겠지.

아이는 세상에 흔들리지 않기 위해 부모의 말부터 믿고 싶었을 텐데 저는 그 기대를 너무 가볍게 여기고 있었던 것 같아요. 오늘은 이렇게 내일은 저렇게 말 바꾸는 어른이 아니라 항상 같은 말로, 같은 눈빛으로, 같은 마음으로 아이를 지켜줄 수 있는 어른이 되고 싶습니다.

## 4. 기본을 먼저 가르치지 못했어요

며칠 전, 아이와 함께 엘리베이터를 탔을 때였습니다. 위층에 사시는 아주머니께서 웃으며 인사를 건넸는데 아이는 아무 대꾸 없이 고개를 돌리고 말았습니다.
"인사해야지."
제가 조용히 말하자 아이는 무표정하게 "안녕하세요."라고 중얼거리듯 말했습니다. 그 모습이 낯설진 않았습니다.

생각해 보면 본가에 계시는 할머니나 친척들에게도 인사를 예쁘게 하거나 고마움을 말하는 일이 드물었습니다. 무언가를 받아도 "감사합니다."보다는 그냥 받아들였고, 가끔 잘못한 일이 있어도 "미안해요."라는 말보다는 침묵으로 넘기는 경우가 많았죠. 그때 깨달았습니다. 아이는 배우지 않은 것을 자연스럽게 행동으로 옮길 수 없다는 것 그리고 그 책임은 부모인 제게 있었습니다.

"고마워." "미안해." "안녕하세요." "다녀왔습니다."
이 짧은 말들이야말로 사실은 사람과 사람 사이를 건강하게 연결해 주는 가장 중요한 첫걸음이자 기본적인 언어의 예의입니다. 그런데 저는 "부모가 다 해줄 수 없다."는 말로, "기본적인 것들은 알아서 해야 한다."는 말로 그 중요한 것들을 가르치지 않았어요. 그러고는 왜 이런 것조차 하지 못하느냐고 답답해하기만 했던 거예요.

『논어(論語)』「안연편(顔淵篇)」에는 이런 말씀이 있습니다.

> **非禮勿視 非禮勿聽 非禮勿言 非禮勿動**
> 비례물시 　비례물청 　비례물언 　비례물동
>
> 예가 아니면 보지 말고, 예가 아니면 듣지 말며, 예가 아니면 말하지 말고, 예가 아니면 행동하지 말라.

공자는 인간이 지녀야 할 삶의 기본 태도를 '예(禮)'로 강조했습니다. 이 '예'는 단지 격식이나 형식을 의미하는 것이 아니라 상대를 존중하는 마음가짐과 스스로를 절제하는 품격 있는 태도를 뜻합니다. 그런데 부모로서 저는 아이에게 수학 문제를 풀게 하고, 영어 단어를 외우게 하며 학원도 빠짐없이 챙겼지만, 정작 사람 사이에 꼭 필요한 말과 태도는 깊이 있게 가르쳐 주지 못했습니다. 어른이 되었을 때 아이에게 가장 부족한 것은 지식이나 점수가 아닌 사람을 대하는 마음과 태도일지도 모릅니다. 그리고 그런 마음은 하루아침에 만들어지는 것이 아니라 어릴 적부터 반복되어 온 작은 말과 행동의 습관 속에서 서서히 길러진다는 사실을 이제야 절실히 깨닫습니다.

아이에게서 종종 이런 말을 들었습니다.
"아빠, 나는 왜 '감사합니다' 같은 말을 자주 해야 해?"

그때마다 저는 "그게 예의잖아."라고 짧게 대답했습니다. 하지만 그 말 한마디로는 충분하지 않았습니다. '왜 그런 말을 해야 하는지', '어떤 상황에서 어떻게 말해야 하는지' 그리고 무엇보다 '부모인 내가 먼저 그 언어를 얼마나 자주 사용하는지' 그 모든 것이 아이에게 본보기였다는 사실을 놓치고 있었던 것입니다. 이제 저는 더 이상 '왜 아이가 인사를 안 할까?'를 고민하지 않으려 합니다. 대신 '나는 아이에게 인사를 어떻게 가르쳤나?'를 먼저 돌아보며 '나는 고마운 마음을 말로 표현하고 있었나?', '나는 잘못했을 때 먼저 사과하는 모습을 보여줬나?'를 생각할 겁니다. 예의는 가르치는 것이 아니라 살아가는 내내 보여주는 것이라는 걸 잊지 말아야겠어요.

> 내가 무심코 지나쳤던 그 말들 그 행동 하나하나가
> 너에게는 중요한 삶의 기준이 되었을 텐데
> 그걸 놓치게 만든 건 바로 나였다는 걸 인정한다.
> 앞으로는 네게 먼저 인사하고
> 먼저 고맙다고 말하고
> 실수했을 땐 먼저 사과하는 부모가 될게.
> 너도 누군가의 마음을 헤아리는
> 말과 태도로 살아갈 수 있도록
> 지금부터 내가 너에게
> '예(禮)'를 보여주는 어른이 되어볼게.

## 5. 중요한 건 알려주지 못했어요

"아빠, 나 오늘 학교에서 친구 도와주다가 과제를 늦게 냈어. 난 다 했었는데 말이야. 근데 선생님은 그냥 늦게 냈다고 혼내셨어."
아이가 속이 상했고 억울함을 비쳤습니다. 그런데 저는 무심히 이렇게 말하고 말았습니다.

"그래도 네 거부터 먼저 했어야지. 다음엔 그런 일 말고 네 할 일부터 챙겨."
그 말이 입에서 떨어진 순간 아차 싶었고, 시간이 지나도 마음 한구석이 편치 않았습니다. 가만히 생각해 보니 아이는 '자기 할 일'과 '친구를 돕는 일' 사이에서 꽤 많이 고민했을 겁니다. 그 선택의 결과가 불이익이라는 걸 알고도 친구를 도운 아이의 마음은 올바름을 따른 용기였고 따듯함이었는데 저는 그것을 '우선순위'라는 이름으로 가볍게 눌러버린 셈이었습니다. 그날 밤, 잠든 아이의 얼굴을 보며 이런 생각이 들었습니다. '나는 과연 아이에게 무엇이 중요하다고 가르치고 있었을까? 성적, 숙제, 경쟁, 결과, 효율…' 그 모든 것들이 '실패하지 않기 위한 전략'처럼 느껴졌습니다.

하지만 정말 중요한 건 아이가 사람답게 살아가는 힘을 기르는 것이 아니었을까요? 지금까지 아이가 어떤 행동을 했을 때 "잘했다."라고 말했던 순간들을 떠올려 보았습니다. 시험에서 높은 점수를 받았을 때, 발표를 잘했을 때, 자기 물건 정리를 잘했을 때… 대부분은 눈에 보이는 성취에 대한 칭찬이었습니다. 반면에 정직하게 말했을 때나 친구를 배려했을 때, 책임 있게 행동했을 때는 너무 당연하듯 그저 '그래, 잘했어'라고 툭 던진 짧은 말 한마디로 넘긴 기억이 많았습니다. 아이가 그 속에서 무엇을 배웠을까요?

"결과가 중요하다."

"점수가 곧 가치다."

"빠른 성과가 더 중요하다."

이런 메시지가 저도 모르게 아이에게 전달된 건 아닐까 후회가 밀려왔습니다.

『맹자(孟子)』의 「고자편(告子篇)」에는 이런 말씀이 있습니다.

> 生亦我所欲也, 義亦我所欲也 ; 二者不可得兼, 舍生而取義者也.
> 생역아소욕야    의역아소욕야      이자불가득겸      사생이취의자야
>
> 삶도 내가 바라는 것이요, 의로움도 내가 바라는 것이다. 그러나 이 둘을 함께 가질 수 없다면, 나는 삶을 버리고 의를 취하겠다.

이 문장은 맹자가 제자들에게 '옳음'이라는 가치를 생존보다 더 중요하게 여길 수 있는 사람 즉, 내면의 윤리와 가치로 살아가는 사람이 되어야 한다는 가르침입니다. 그런데 저는 부모로서 아이에게 '옳은

일'을 선택한 경험보다 손해 보지 않는 방법을 이야기하고 있었던 것 같습니다.

"네가 다치면 안 돼."
"그래도 네 할 일 먼저 해야지."
"그런 일은 그냥 넘어가. 그냥 모른척해."
이런 말들이 아이에게는 "착하면 손해 본다."는 식의 교훈으로 새겨졌을 수도 있겠지요. 저는 성실함을 가르친다고 하면서 사실은 '효율성'만 강조했습니다. 정직을 말하면서도 때로는 "이번은 그냥 넘어가자."고 눈감기도 했고, 배려를 칭찬하면서도 결국 성적이 낮으면 "그러니까 그렇게 하면 안 되는 거야."라는 말로 아이에게 상처를 주었습니다.

이제는 마음으로 새겨봅니다. 말보다 중요한 건, 삶으로 보여주는 태도라는 것을요.
"이건 옳은 일이야."
그 말을 아무리 반복해서 말해도 부모가 실제로 옳은 일을 선택하지 않는 모습을 보여준다면 아이는 그 말보다 행동을 먼저 배우겠지요.

네가 세상을 배우는 그 시작점에서
세상이라는 교실 앞에 선 너에게
정말 중요한 것을 행동으로 보여주지 못했구나.
정직하게 살아도 괜찮다는 믿음,
다른 사람을 배려할 줄 아는 마음이 얼마나 귀한 것인지

끝까지 책임을 지는 태도가 결국 너를 지켜준다는 사실을
나는 너무 늦게 말하고, 너무 적게 보여줬구나.
앞으로는 무엇을 더 많이 알려주기보다
어떤 삶을 살아가는 모습을 보여줄 것인가를
먼저 고민할게.
너에게 가르치고 싶은 가치들을
이제는 말이 아니라 내가 살아가는 방식으로 보여줄게.
삶은 점수가 아니라 마음으로 쌓는 것이고
진짜 성공은 이 세상의 기준이 아닌
너 스스로 정한 기준에서 시작된다는 것을.
나는 이제야 비로소 그 가르침의 첫 줄을
다시 써 내려가려 한다.

# 6. 결핍의 소중함을 알려줬어야 했는데…

학교를 마친 아이를 데리고 집으로 왔습니다. 그런데 실내화가 없습니다.
"실내화는 어디 있어?"
"없어…"
아이는 제 신발을 어디에 뒀는지 기억하지 못합니다.
"왜 안 챙겼어? 자기 물건은 자기가 잘 챙겨야 한다고 했잖아."
"그냥 깜빡했어…"
"다음부턴 잃어버리지 마."

말은 그렇게 했지만 결국 그날 저녁 저는 마트에서 새 실내화를 사 들고 왔습니다. 아이가 다음 날 불편할 걸 생각하니 제 마음이 불안해서 그랬습니다. 그런데 며칠이 지나지도 않았는데 아이는 또 실내화를 잃어버렸고, 다른 준비물도 잊어버리고 빠뜨렸습니다. 이번에도 저는 그러면 안 된다며 짜증 섞인 말만 하고 조용히 새것을 마련해 주었습니다.

그렇게 반복되는 날들 속에 문득 이런 생각이 들었습니다. 혹시 내가 너무 쉽게, 너무 빨리 아이의 불편함을 제거해 주려는 건 아닐까? 아이에게 '불편함'이라는 경험을 막아주는 것이 진짜 아이를 위한 일이었을까? 아이가 어떤 상황을 스스로 마주하고 감당해 볼 기회조차 주지 않고 늘 앞서서 막아주기만 한 건 아닐까?

돌아보면 저는 아이가 뭔가 부족한 상황을 참지 못했고 그 상황이 귀찮기만 했습니다. 겨울에 장갑을 안 끼고 나가면 "추울 텐데…"라며 바로 다음 날 새벽 배송으로 새것을 사 주었고 필통이 낡으면 "쓸만한데…" 싶으면서도 결국 바꿔주곤 했습니다. 아이의 감정이 조금이라도 상하는 일이 생기면 "그래, 내가 대신 말해줄게."라며 개입하기도 하면서 아이가 불편함을 느끼는 것은 없었으면 했습니다. 그 모든 것이 사랑이라고 믿었습니다.

하지만 그 사랑이라 믿었던 것은 아이로 하여금 스스로 감당해 보는 경험, 다시 회복해 보는 경험, 조금 모자람 속에서 감사함을 느껴보는 경험 즉, 아이의 자라날 공간을 빼앗는 일이었습니다. 아이에게 결핍은 곧 성장의 기회입니다. 한번 불편했을 때 그 불편함을 몸으로 겪어야 다음에는 스스로 챙기게 되고 무언가를 가졌을 때의 기쁨과 소중함도 배울 수 있게 됩니다.

『도덕경(道德經)』 제33장에는 이런 구절이 있습니다.

> 知人者智, 自知者明, 勝人者有力, 自勝者强,
> 지인자지　自知者明　승인자유력　자승자강
> 知足者富, 强行者有志, 不失其所者久, 死而不亡者壽.
> 지족자부　강행자유지　부실기소자구　사이불망자수

> 다른 사람을 아는 사람은 지혜롭고, 자신을 아는 자는 현명하다. 다른 사람을 이기는 자는 힘이 있고, 자신을 이기는 자는 그 뜻이 굳세다. 만족할 줄 아는 자는 부유하고, 힘써 행하는 자는 뜻이 있으며, 그 있을 근본의 자리를 잃지 않는 자는 오래 가고, 몸이 죽어도 잊히지 않는 자는 영원히 산다.

이 구절은 삶의 태도와 자기완성에 관한 노자의 철학을 잘 보여주는 문장입니다. 외적인 부가 아닌 내면의 만족을 진정한 부로 보고 남에게 의지하지 않고 스스로 나아가려는 자세를 진정한 의지와 도의 길로 본다는 뜻입니다. 노자는 이처럼 삶의 유한함 속에서 자족(自足)과 자강(自强)을 추구하는 태도를 강조하며 타인의 기준이 아니라 자연과 자기 본성에 따라 사는 삶을 지향합니다.

이 말은 단순히 '소박하게 살아라'는 뜻이 아닙니다. 무언가를 다 갖추지 않아도 스스로 만족할 수 있는 내면의 힘, 누군가 대신해 주지 않아도 자기 삶을 감당할 수 있는 자율성 그것이야말로 진짜 '부유함'이라는 깊은 뜻을 담고 있습니다. 그런데 저는 아이에게 그런 여백을 허락하지 않았습니다. 늘 채워주었고 미리 막아주었고 대신 처리해 주었습니다. 부족한 감정을 느끼기도 전에 "아빠가 해줄게."라는 말로 덮어버렸습니다. 그 결과 아이는 자기가 놓친 것을 책임지는 법보다 놓쳤을 때 누군가가 메워주는 상황에 더 익숙해졌습니다. 감사보다는 당연함이 앞서고 노력보다는 요구가 먼저 나왔습니다.

나는 네가 힘든 걸 보기 싫어서 자꾸만 먼저 움직였단다.
하지만 그건 내가 아니라 네가 해야 할 성장의 순간이었고
그걸 지켜봐 주는 것이 진짜 어른의 자리였다는 걸
이제야 깨닫게 되었어.
네가 추위를 겪어봐야 따뜻함을 알 텐데
늘 따뜻하게만 해주려고 했고,
네가 실수를 해봐야 책임지는 법을 배울 텐데
늘 미리 막아주기만 했단다.
앞으로는 너에게 결핍을 허락하려고 한다.
무심함이 아니라 믿음으로 바라보는 거리를 두고
네가 스스로 채우는 기쁨을 느낄 수 있도록 기다릴게.
그 시간이 답답하게 느껴지더라도
그 안에 담긴 너의 성장을 응원하며 지켜볼게.
네가 다 갖추지 않아도 충분한 사람이란 걸
너 스스로 알게 되길 바란다.
그리고 그 결핍 속에서도 스스로 만족하고 걸어가는
너만의 단단한 마음을 가지길 바란다.
나는 이제 모든 것을 채워주는 부모가 아니라
스스로 채워갈 수 있도록
곁에서 지켜봐 주는 어른이 되고 싶다.

# 7. 사랑한다는 말을 왜 그렇게 아꼈을까요

"아빠는 날 얼마나 사랑해?"
"왜? 당연히 많이 좋아하고 사랑하지."
아이의 갑작스러운 물음에 웃으며 대답했지만 고개를 살짝 갸웃하며 말했습니다.
"근데 왜 말로 잘 안 해?"

그날 밤 저는 아이의 옛 사진들을 꺼내 보았습니다. 갓 돌 무렵의 웃는 얼굴, 유치원 발표회에서 긴장하던 모습, 초등학교에 입학하던 날 손을 꼭 잡고 교문을 들어서던 순간… 사진 속 아이는 언제나 제 눈 안에 있었습니다. 늘 곁에서 지켜보고, 걱정하고, 챙기고, 사랑했습니다. 그런데도 아이가 사랑하냐는 말 앞에 저는 잠시 할 말을 잃었습니다. 여태 아이에게 했던 모든 것들 - 좋은 걸 사 주고, 맛있는 걸 해 주고, 시간이 없어도 아이가 필요한 것은 우선 챙겨두면서 아이를 위해 매일 분주히 움직인 모든 것들이 곧 사랑이고 그것이면 충분하다고 생각했습니다.

하지만 그 과정에서 정작 사랑이라는 단어를 입 밖으로 꺼낸 적은 손에 꼽을 만큼 적었습니다. 너무 어색해서, 너무 익숙하지 않아서, 또는 타이밍을 놓쳐서 자주 하지 못했습니다. 그러다 보니 아이에게는 저의 사랑이 조금씩 멀게 느껴졌을지도 모르기에 묻고 있었던 겁니다.
"사랑한다는 말, 왜 안 해?"

그 물음 앞에서 저는 한참을 멈춰 서야 했습니다. 그렇게도 사랑을 전했건만 알아주지 못함에 속이 상하고 괜스레 화도 났습니다. 그런데 곰곰이 생각해 보니 아이의 시각에서는 그럴 수도 있겠다 싶었습니다.

『중용(中庸)』 제25장에 이렇게 말합니다.

> 誠者 自成也, 而道自道也 ; 誠者, 物之終始, 無誠不立.
> 성자    자성야     이도자도야      성자    물지종시    무성불립
>
> 성자는 스스로 성실한 자이고, 도는 스스로 도답다. 성실함은 만물의 시작과 끝이며, 성실하지 않으면 설 수 없다.

부모의 사랑이 진심이라면 그 진심은 반드시 행동과 말로 표현되어야 자녀의 마음에 도달합니다. '말하지 않아도 알겠지'라는 태도는 진심의 전달을 멈추는 것이며 이는 성실(誠)의 도(道)에서 벗어난 것입니다. 사랑의 진정성은 불안이나 계산 없이 그 자체로 맑고 분명하게 드러나 반드시 표현되어야 합니다. 그런데 저는 어쩌면 사랑을 너무 조심스럽게 너무 간접적으로 다루어 왔는지도 모르겠습니다.

"말하지 않아도 알겠지."

"너무 자주 말하면 거짓말처럼 들릴지도 몰라."
"어색해서… 타이밍을 놓쳐서…"
그런 생각들이 쌓이고 쌓여 결국 저는 가장 따뜻한 말을 가장 아껴버리는 어른이 되어버렸습니다. 아이의 세계는 아직 작아서 더 자주 확인받고 싶어 합니다.

"정말 괜찮은 걸까?"
"정말 사랑받고 있는 걸까?"
그 질문 앞에서 '사랑해'라는 말은 마치 따뜻한 담요처럼 아이의 마음을 감싸줍니다. 실수해도 괜찮다는 용기를 주는 마법 같은 한마디지요. 아이는 그 말을 통해 사랑받고 있다는 신호를 듣고, 느끼고, 다시 마음을 채워갑니다. 그 한마디는 하루를 살아가는 에너지가 되고, 때로는 실수와 실패 속에서도 다시 일어설 힘이 되어줍니다.

> 아빠는 너를 누구보다 사랑하지만
> 그 사랑을 자주 정확하게 말하지 않았구나.
> 네가 기댈 수 있는 말 한마디를
> 너무 오래 묵혀뒀던 것 같아.
> 이제는 그리고 앞으로는 더 자주 말할게.
> 너는 그 어떤 이유 없이
> 그 존재만으로 사랑받아 마땅하단다.
> 아빠는 그걸 매일 알고 있었지만
> 너는 그걸 매일 듣고 싶었겠지.

오늘부터는 너에게 '사랑한다'는 말을 아끼지 않을 거야.
그 말이 너의 마음을 따뜻하게 지켜줄 수 있다면
아빠는 하루에 열 번이라도 기꺼이 말할 수 있어.
말 없는 사랑도 분명 존재하지만
말해주는 사랑은 더 멀리,
더 깊이 전해진다는 걸
사랑해 나의 아이야.

아이를 재우기 전, 이불을 덮어주며 조용히 속삭였습니다.
"사랑해, 오늘도 참 잘했어. 무서운 꿈 꾸지 말고 행복한 꿈 꿔라. 뽕!"
아이의 눈동자가 반짝이며 저를 올려다보았습니다.
"응, 나도 아빠 사랑해."

그 말 한마디에 하루의 피로가 사르르 녹아내렸습니다. 사랑은 숨기거나 쌓아두는 게 아니라 흘러가야 비로소 온기가 됩니다. 오늘의 '사랑해'가 내일을 지켜주는 힘이 되기를. 말하지 않아도 전해지는 사랑이 있다지만 말해주어야 더 따뜻하게 기억되는 사랑도 있다는 걸 잊지 않아야겠습니다.

# 8. 고맙다는 말을 자주 잊었어요

"아빠, 밥그릇 싱크대에 갖다 놨어."
"그래? 잘했네."
"잘한 거 맞지?"
"집안일은 다 같이 하는 거야. 그리고 자기가 먹은 그릇은 스스로 치워야 하는 거야?"

저는 웃으며 말했지만 어른의 무거운 음성은 아이의 노력이 아무것도 아닌 것처럼 만든 순간이었습니다. 순간 멈칫했습니다. 그렇게 말하고 제 마음 한구석은 불편했습니다. 그리고 며칠이 지나 비슷한 일이 반복되었을 때 아이는 조용히 말했습니다.

"아빠는 '고마워', '미안해' 같은 말을 잘 안 하는 것 같아."

정말 그랬습니다. 저는 아이에게 고마운 일이 있어도, 아이가 속상하게 느낄만한 일이 있어도, 감사와 미안함을 말로 표현한 적이 거의 없었습니다. 물론 제 마음엔 그런 감정들이 늘 있었습니다. 아이 스스로 학용품을 정리해 둘 때, 아침마다 졸린 눈을 비비며 일어나 학교에 가는 모습을 볼 때, 친구와 다투고도 먼저 사과했다고 말할 때, 때로는 할머니게 안부전화를 먼저 걸어 인사할 때 저는 속으로 수없이 '참 기특하다', '고맙다', '미안하다'는 마음을 품었습니다.

하지만 그 마음이 입 밖으로 나오는 일은 거의 없었습니다. '고맙다는 말은 너무 오버하는 것 같아서', '미안하다는 말은 어른 체면에 좀 어색하잖아', '알겠지, 굳이 말하지 않아도'라는 생각에 자꾸만 그 말을 삼켰고 어느새 습관이 되어 있었습니다. 그런데 이제야 깨닫습니다. 말하지 않으면 모릅니다. 표현하지 않으면 느껴지지 않습니다.

『대학(大學)』 전 제6장에서는 이렇게 말합니다.

> **所謂誠其意者, 毋自欺也.**
> 소위성기의자　　　무자기야
>
> 뜻을 진실되게 한다는 것은 자신을 속이지 않는 것이다.

자신에게 솔직하다는 것은 감사와 미안함 같은 감정을 억지로 감추지 않고 있는 그대로 인정하는 데서 시작됩니다. 부모로서 '고맙다'는 말을 아끼거나 삼키지 말고 그 마음을 진실하게 표현하는 것, 그것이야말로 도(道)의 시작임을 일깨워 줍니다. 부모와 자식 사이도 다르지 않습니다. 사랑도, 감사도, 미안함도, 표현되어야 비로소 전해지고, 기억되며, 마음속에 오래도록 남습니다. 표현되지 않은 고마움은 결국 당연한 일로 여겨지고, 전해지지 않은 미안함은 서운함이 되어 오해로 이어지기도 합니다. 아이들은 우리가 생각하는 것보다 훨씬 더 섬세하게 감정을 느끼고, 부모의 말 한마디, 표정 하나에도 깊이 반응합니다.

밥그릇을 하나 치운 일도, 스스로 잠자리에 드는 일도 어른 눈엔 사소해 보이지만 아이에겐 분명 용기를 내서 해낸 행동들이었습니다. 그런데 저는 그걸 '당연한 일'로 받아들이고 고마움을 전하기보다는 "원래 그래야지."라는 말로 대신하곤 했습니다. 그런 일들이 쌓이다 보면 아이는 무언가를 해도 특별히 인정받는다는 느낌을 받지 못하고, 속상한 일이 있어도 그 마음을 말해도 되는지 스스로 헷갈리는 사람이 되지 않을까, 그런 걱정이 문득 듭니다.

감사함도, 미안함도 제대로 듣지 못한 채 자란 아이는 결국 마음을 다치게 됩니다.
"내가 한 일은 별거 아니었나 봐."
"내가 속상해도 괜찮은가 보다."
이런 생각이 쌓이며 어느새 무력감에 익숙해질지도 모릅니다. 그렇게 되면 감정을 표현하는 데 서툴고, 사람들과 마음을 나누는 데 인색한 어른이 되어버릴 수도 있습니다. 그것은 절대 아이의 잘못이 아닙니다. 오히려 그건 제가 아이에게 감정을 건강하게 주고받는 방법을 충분히 가르쳐 주지 못한 삶의 방식의 결과였던 거죠.

생각해 보면 우리 어른들도 그랬던 것 같습니다. "수고했다", "고맙다", "미안하다"는 말을 자주 듣고 자란 사람은 자신의 감정을 솔직하게 표현하는 것이 자연스럽습니다. 반면 그런 말을 충분히 들어보지 못한 사람은 마음이 있어도 표현하는 데 시간이 걸리고 괜히 쑥스러워하고, 어쩌면 자존심 때문에 끝내 말하지 못하기도 합니다. 저는 아이가 그런 어른이 되지 않기를 바랍니다. 자신의 마음을 자신 있게 말할 줄 알고 다른 사람의 마음도 따뜻한 말로 감싸줄 줄 아는 사람이 되기를 바랍니다. 그 시작은 바로 부모인 제가 먼저 바뀌는 데 있겠죠. 고마운 건 고맙다고, 미안한 건 미안하다고. 그 당연한 말을 제 입으로 꺼내는 연습을 이제부터라도 시작해야겠습니다.

너는 고맙다는 말을 기다렸을 텐데,
나는 그것을 애써 숨겼고
미안하다는 말조차 자존심처럼 붙잡고 있었구나.
부끄럽고 후회스러운 마음뿐이야.
앞으로는 바꿔보려고 해.
너에게 고마운 마음이 들면 바로 말할게.
네가 마음 다쳤을까 싶을 땐 먼저 다가가서 미안하다고 말할게.
부모라고 해서 항상 옳을 수 없다는 걸
그리고 미안함을 표현하는 것이
어른으로서의 약함이 아니라 강함의 표현이라는 걸
내가 먼저 보여줄게.
너는 고마움을 들을 자격이 있고
미안하다는 말을 받을 권리가 있어.
그리고 그런 따뜻한 말들을 받으며 자란 사람은

다른 사람에게도 그 따뜻함을 나눌 수 있는 사람이 될 수 있단다.
지금부터는 말로도 마음으로도
네가 사랑받고 있다는 걸, 존중받고 있다는 걸
끊임없이 전해주는 부모가 되려고 해.
고마워 그리고 미안해.

# 9. 내 자식 이전에, 하나의 사람입니다

"아빠, 내 방에 들어올 땐 노크해 줘."
"왜? 아빠가 네 방 들어가는 게 왜?"
"그냥… 내 공간이니까…"

그날 아이의 말을 듣고 저는 살짝 웃었습니다.
"노크는 무슨 노크야. 넌 아직 어려서 아빠랑 엄마가 아직 보살펴야 하는데. 지금도 우리가 너를 얼마나 신경 쓰고 있는데."

그 말에 아이는 더는 말하지 않았습니다. 하지만 문을 닫고 있는 시간이 늘었고 평소라면 별일 아니었을 사소한 말에도 예민하게 반응하는 모습을 보였습니다. 그제야 알게 되었습니다. 저는 아이를 '존중'하기보다는 '소유'하고 있었던 것입니다. 아이의 선택은 "너는 아직 어려서 몰라."라는 말로 잘라냈고, 아이의 감정은 "그냥 지나가는 기분일 뿐이야."라며 무시하듯 넘겼습니다. 어느새 저는 모든 것을 '어른이니까 더 잘 안다'는 명목으로 먼저 판단하고 대신 결정하려 했습니다.

"아빠가 더 잘 알아."
"그건 너한텐 아직 어려."

"이건 네가 알 수 있는 문제가 아니야."
"그건 엄마와 아빠의 결정이 맞는 거야."
그 말들은 겉으로는 '보호'처럼 들렸지만, 실은 아이의 개별성을 인정하지 못한 통제의 말투였던 것입니다. 아이는 매번 자기 생각이 무시되고 감정이 평가받는 경험을 하면서 조금씩 자기 문을 닫고 있었던 것일지도 모릅니다.

『도덕경(道德經)』제51장에는 이런 말이 나옵니다.

> **生而不有, 為而不恃, 長而不宰.**
> 생이불유    위이불시    장이부재
>
> 낳았다고 해서 소유하지 않고, 길렀다고 해서 의지하지 않으며, 키웠다고 해서 지배하려 하지 않는다.

이 말은 부모가 자녀와 어떤 거리를 유지해야 하는지 가장 간결하게 그러나 깊이 있게 말해주고 있습니다. 아이는 나의 연장선이 아닙니다. 아이를 세상에 데려왔다고 해서 그 아이의 삶과 선택마저 내 것이라 여겨서는 안 된다는 뜻입니다. 하지만 저는 아이가 어떤 옷을 입을지, 어떤 친구를 사귈지, 어떤 취미를 가질지조차 '내 기준'으로 가르치려 했습니다.

"이건 좋은 거야."
"이건 하면 안 돼."

말은 조언이라고 했지만 태도는 강요였습니다. 그 모든 과정에서 아이는 말없이 조금씩 나로부터 멀어지고 있었던 것 같습니다. 자신의 감정이 존중받지 않는다는 것, 자신의 선택이 늘 조정당한다는 것, 자신의 세계에 경계가 없다는 것, 그 모든 것들이 아이의 자율성을 약하게 만들었을 것입니다. 아마도 아이는 이런 생각을 하지 않았을까요.
'내 마음은 왜 물어보지 않을까'
'내 선택은 왜 늘 틀렸다고만 할까'
'내가 있는 공간도, 내가 하고 싶은 것도… 왜 나한테 물어보지 않고 결정할까'

내가 너를 사랑한다는 이유로
너의 삶을 자꾸 내 영역 안에 두고 싶어 했다는 걸.
사랑은 함께하는 것이지 지배하는 것이 아니란 걸
이제는 조금씩 배우고 있어.
네가 '나의 자식'이기 전에
너만의 생각과 감정을 가진
하나의 인격체라는 걸 잊지 않을게.
네 삶의 주인은 너야.
나는 그 곁을 지켜주는 어른이면 충분해.
앞으로는 너의 말에 귀 기울일게.
네가 싫다고 말하면 멈추고
네가 원하는 것이 있다면 먼저 물을게.
그리고 네 선택이 잘못되더라도

함께 배우며 다시 일어설 수 있도록
옆에서 지켜볼게.

이제는 "내가 너를 책임진다."는 말 대신 '너는 스스로 선택할 수 있는 사람'이라는 믿음을 전하고 싶습니다. 내 자식이지만 내 것이 아니란 것을 알고 아이를 소유하려는 마음을 가지지 않겠습니다. 그 대신 있는 그대로 존중하며 사랑하는 법을 지금이라도 배우겠습니다.

## 10. 행복한 모습을 보여주지 못했어요

"아빠는 언제 제일 행복해?"
토닥토닥 등을 토닥여 주며 재울 때 아이가 물었습니다.

"음… 너랑 있을 때?"
흐려진 말끝에 제 표정도, 목소리도, 아이의 눈에 진심으로 보였을지 의문이 듭니다. 최근 들어 사실 저는 아이 앞에서 자주 웃지 않았습니다. 아니, 오히려 찌푸린 얼굴에 늘 무언가에 쫓기듯 바쁘고 피곤하다는 말이 입에 붙어 있었고 잔소리는 기본처럼 붙어 나왔습니다.

"학교에서 뭐 했어?"
"숙제는 다 했니?"
"그렇게 하면 안 되지."
"빨리 자야지, 내일 또 힘들잖아."
제가 아이와 나눈 말 중 대부분이 '관리와 지시' 혹은 '걱정과 통제'의 말이었습니다. 정작 "오늘 뭐가 제일 재밌었어?", "네가 웃으니까 아빠도 기분이 좋아지는데." 같은 말은 얼마나 했을까 돌아보니 부끄러울 정도였습니다.

'행복하게 살아야 해'

'네가 좋아하는 걸 찾아봐'

'하고 싶은 거, 마음이 가는 걸 따라가 봐'

이렇게 아이에게 말하면서 정작 저는 행복하게 사는 어른의 모습을 보여준 적이 거의 없었습니다.

『중용(中庸)』제1장에서는 이렇게 말합니다.

> **喜怒哀樂之未發, 謂之中 ; 發而皆中節, 謂之和.**
> 희로애락지미발     위지중        발이개중절      위지화
>
> 기쁨, 분노, 슬픔, 즐거움이 생기기 전의 상태를 '중'이라 하고, 그 감정들이 절도 있게 드러나 조화를 이루는 상태를 '화'라 한다.

이 말은 감정을 숨기라는 뜻이 아닙니다. 오히려 감정을 조화롭고 자연스럽게 드러낼 줄 아는 것이 인격의 완성이라는 의미입니다. 하지만 저는 제 감정 중에서 유독 '피곤함'과 '걱정'만 자주 꺼내놓았고 기쁨과 웃음을 드러내는 데는 익숙하지 못했습니다. '웃을 일이 어딨어', '지금은 여유 부릴 때가 아니야' 같은 말로 제 기분을 스스로 눌러가며 살았던 것 같습니다. 그렇게 살아가는 저의 모습을 아이는 매일 바라봤겠죠.

아이는 부모의 삶을 통해 인생을 배웁니다. 그런데 그 인생이 늘 지쳐 보이고, 여유 없고, 웃음보다 한숨이 많은 — 삶이 괴롭고 지친 얼굴로만 이루어져 있다면 아이는 '어른이 되는 것'에 어떤 희망을 가질 수 있

을까요?

'나는 왜 이렇게 살아야 하지?'
'어른이 된다는 건 이렇게 힘든 건가?'
이런 생각이 마음속에 자리 잡는다면 삶에 대한 긍정의 뿌리가 내리지 못한 채 커갈 수 있습니다.

> 나는 너에게 행복을 말하면서
> 정작 내 삶에서는 그 행복을 실천하지 못했어.
> 늘 지친 얼굴로, 바쁜 걸 핑계로,
> 너와 눈을 맞추고 웃는 일조차 자주 놓쳤던 것 같아.
> 행복은 가르치는 것이 아니라
> 보여주는 것임을 이제는 알겠다.
> 아이의 눈은 부모의 삶을 거울처럼 비추고 있었는데
> 나는 그 거울 속에 지친 표정만을 담고 있었구나.
> 이제는 너와 웃고 싶다.
> 작은 일에도 웃으며 "좋다."라고 말하고
> 고단한 날에도 "그래도 오늘 참 잘 살았어."라고 말할 수 있는
> 그런 어른이 되고 싶다.

아이에게 말해주고 싶은 가장 중요한 메시지는 "행복하게 살아도 된다는 것"입니다. 그리고 그것은 공부나 성공도 아닌 무엇보다 먼저 자신의 마음속에 자리를 잡아야 한다는 것을요. 그러니 이제는 저부터 달라

겨야겠습니다. 더 자주 웃고, 더 자주 '지금 이 순간의 소중함'을 말하고, 아이와 함께 있는 시간이 얼마나 좋은지 숨기지 않고 표현하는 사람이 되겠습니다. 아이는 저의 인생에서 가장 소중한 기쁨입니다. 그런데 아이 앞에서 웃지 못하고 살아온 날들이 너무 아쉽고 미안할 뿐입니다. 지금부터라도 내가 살아가는 모습 그 자체가 아이에게 '행복한 삶의 예'가 될 수 있도록 진심을 담아 살아야겠습니다.

# 11. 나도 실수하면서 아이의 실수는 용납하지 못했어요

"또 깜빡했어?"
"아니, 왜 확인을 안 했어?"
"이건 도대체 몇 번째야?"
하루에도 몇 번씩, 아이에게 이런 말을 쏟아냈던 것 같습니다. 작은 실수였지만 저는 늘 예민하게 반응했고 그 이유는 언제나 같았습니다.

"다 너 잘되라고 하는 말이야."
그런데 어느 날, 아이가 조용히 말했습니다.
"아빠는 실수 안 해?"
순간, 저는 할 말을 잃었습니다.
"아빠도 실수할 때 있지만 안 하려고 하지. 그런데 넌 자꾸 똑같은 실수를 하니까 그렇지. 이번에도 마찬가지잖아."
그 말은 제 입에서 나왔지만 왠지 진심보다는 변명처럼 들렸습니다. 생각해 보면 저 역시 하루에도 몇 번씩 실수합니다. 물건을 놓고 다니고, 말을 헷갈리고, 약속을 어기고 때로는 감정에 휘둘려 후회할 말들을 내뱉기도 하지요. 그런데도 아이가 같은 실수를 반복하면 한숨을 쉬며 "왜 또 그러냐."며 고개를 저었습니다.

나는 완벽하지 않았는데 아이에게는 완벽을 기대했던 것.
나는 넘어지면서 배우는데 아이는 넘어지는 걸 꾸짖었던 것.
그 사실이 너무 부끄러웠습니다.

『중용(中庸)』 제20장에는 이런 말이 있습니다.

人一能之 己百之 人十能之 己千之 果能此道矣 雖愚必明 雖柔必强
인일능지  기백지  인십능지  기천지  과능차도의  수우필명  수유필강

남이 한 번 해서 되는 것을 나는 백 번 하고, 남이 열 번 해서 되는 것을 나는 천 번 하면, 끝내 이 길을 따르게 된다. 비록 어리석은 자라도 반드시 밝아지고, 비록 나약한 자라도 반드시 강해진다.

이 구절은 실수와 시행착오를 두려워하지 말고, 반복과 노력 끝에 누구든 성장할 수 있다는 가르침을 줍니다. 하지만 저는 아이가 실수할 때마다 그 실수의 맥락은 보지 않고 결과만을 보며 다그쳤습니다.

'왜 그렇게 했는지'는 묻지 않고 '왜 또 틀렸는지'만 따졌고, "다음부턴 어떻게 하려고 해?"라는 대화 대신 "이러다 큰일 나."라는 불안만 안겨 주었습니다. 그럴수록 아이는 실수 자체보다 혼날까 봐 두려워하게 되었고, 실수를 고치려는 마음보다 그 상황에서 벗어나기 위한 핑계를 찾거나 숨기려는 태도가 먼저 보였습니다. 이제야 알게 되었습니다. 아이에게 실수는 성장의 시작이었다는 걸요. 그 순간을 받아들이고 함께 마주 서서 바라봐 주는 어른이 곁에 있었더라면 아이도 더 편안한 마음

으로 다시 시도해 볼 수 있었을 텐데, 저는 실수를 '고쳐야 할 잘못'으로만 봤던 겁니다.

미안하다.
실수를 할 수 있는 용기를 빼앗아서,
자꾸만 위축되고 작아지게 만들어서,
그게 너를 위한 길이라고 착각해서 정말 미안하다.
앞으로는 다르게 말할게.
"이번엔 왜 이렇게 됐을까?"
"다음엔 어떻게 하면 좋을까?"
"괜찮아. 누구나 실수해. 아빠도 그래."
그리고 나도 실수했을 때는 솔직하게 말할게.
"아빠도 오늘 너무 예민했어. 미안해."
"아빠가 먼저 약속을 깼구나. 잘못했어."
그렇게 말할 수 있는 어른이 될게.
네가 완벽한 사람이 되기를 바라는 게 아니야.
실수를 두려워하지 않고, 그 안에서
다시 배워갈 수 있는 사람으로 자라길 바랄 뿐이야.
그렇게 하면 결국은
실수보다 더 크고 단단한 사람으로
자랄 수 있을 테니까.

살다 보면 누구나 넘어질 수 있습니다. 중요한 건 그다음이 아닐까요.

넘어진 자리에서 혼자 일어서는 법을 배울 수 있게 손 내밀어 줄 수 있는 사람. 그리고 언젠가 누군가에게 "실수해도 괜찮아."라고 말해줄 수 있는 사람. 나의 아이가 그런 사람이 되었으면 좋겠습니다. 그 말 한마디면 저는 참 잘 살았다고 느낄 수 있을 것 같습니다.

## 12. 믿지 못하고, 자꾸 확인하려 했어요

"진짜로 다 했다고?"
"휴대폰만 보고 있었던 거 아니야?"
"솔직히 말해. 아빠는 다 알아."
아이의 말을 들으면서도 저는 자꾸만 확인하고 싶었습니다. 숙제를 다 했다는 말에도, 게임은 안 했다는 말에도, 친구와 잘 지냈다는 말에도 어딘가에 '숨긴 게 있겠지', '이대로 두면 안 되겠어' 하는 마음이 먼저 들었습니다.

한번은 아이가 학교에 알림장을 두고 왔습니다.
"선생님께서 오늘은 전달 사항이 없으니 그냥 가라고 하셨어."
그 말을 듣고도 저는 다시 묻고야 말았습니다.
"진짜야? 네가 잘못 들은 게 아냐? 선생님이 숙제 내주셨을 텐데."
아이는 씁쓸한 얼굴로 말했습니다.
"왜 아빠는 맨날 나 안 믿어? 진짜 선생님이 그렇게 말씀하셨다고!"

아이의 목소리는 커졌고 저는 되려 버릇없는 말투를 나무랐습니다. 그러고는 그날 밤 아이가 잠든 후에 후회를 했습니다. '왜 나는 믿는 것보다 의심하는 쪽이 익숙해져 버렸을까', '왜 아이가 한 말을 있는 그대로 받아들이는 게 이렇게 어려운 걸까.' 돌아보면 저는 아이의 말보다, 아이의 가능성보다, 내 불안을 더 믿고 살았습니다.

'혹시 거짓말이면 어떡하지?'

'혹시 게을러지는 건 아닐까?'

'혹시 이걸 그냥 넘기면 다음엔 더 버릇없어지는 거 아냐?'

그 '혹시'라는 단어들이 쌓이고 쌓여, 어느새 저는 아이의 진심을 신뢰하기보다 불안과 불신을 먼저 꺼내는 사람이 되어 있었습니다.

『논어(論語)』「안연편(顔淵篇)」에서는 이렇게 말합니다.

**君子成人之美, 不成人之惡.**
군자성인지미      불성인지악

군자는 남의 좋은 점은 이루어주고, 나쁜 점은 드러내지 않는다.

이 구절은 '나는 아이의 가능성보다 내 불안을 더 믿고 살았다'는 반성의 메시지를 전합니다. 그래서 '실수해도 괜찮다', '조금 느려도 괜찮다'는 믿음이 아이를 앞으로 나아가게 하는 힘이고 아이의 '좋은 면'을 키워주는 진짜 믿음이 무엇인지 보여줍니다. 모든 관계는 믿음으로 시작됩니다. 의심하면서 믿는다고 말하는 건, 사실 믿는 것이 아닙니다. 아이는 누구보다 그런 느낌을 정확하게 읽어 내기에 부모의 말과 태도 속에서 자신이 얼마나 신뢰받고 있는지를 정확히 알아챕니다. 그리고 반복되는 의심은 아이에게 이렇게 속삭일지 모릅니다.

"너는 믿을 만한 사람이 아니야."
이 말은 아이를 점점 위축시키고 자존감을 갉아먹습니다. 그리고 결국 정말로 믿기 어려운 모습이 되어버릴 수도 있습니다. 그건 아이가 그렇게 된 게 아니라 부모의 끊임없는 의심과 확인이 아이를 그렇게 만든 건지도 모릅니다. 그러니 애초에 믿어주지 못했던 순간들이 더 부끄럽습니다.

> 너는 믿음을 원했는데
> 나는 확인을 선택했어.
> 네 말보다는 상황을 의심했고
> 네 행동보다는 결과를 먼저 따졌어.
> "아빠는 널 믿는다."
> 이 한마디가 얼마나 큰 위로가 되고
> 얼마나 강력한 응원이 되는 말인지 왜 몰랐을까.
> 이제는 네가 진심을 말할 때,
> 그 진심을 있는 그대로 받아들이는 어른이 될게.
> 혹시 네가 틀리더라도 그걸 탓하기보다
> 그 선택을 존중하고, 그 안에서 다시 배울 수 있도록
> 다시 일어설 수 있도록
> 옆에서 함께 지켜보는 사람이 될게.

의심은 아이를 멈추게 하고 신뢰는 아이를 앞으로 나아가게 합니다. 앞으로는 묻기보다 들어주고, 확인하기보다 믿어주는 부모가 되어야겠습

니다. 실수를 하더라도 괜찮다고, 조금 느려도 괜찮다고, 충분히 괜찮은 아이라고 매일 말해줘야겠습니다. 그리고 언젠가 아이가 누군가에게 "우리 아빠는 날 믿어줬어."라고 말해준다면 그 한마디면 저는 정말 잘 살아온 인생이었다고 느낄 수 있을 것 같습니다. 아이는 믿음을 받을 충분히 자격이 있고, 저 역시 그런 믿음을 건넬 수 있는 부모가 되고 싶은 사람이니까요.

# II

# 교사지만 스승은 아니었습니다

## 1. 말보다 먼저 목소리가 높았어요

"선생님, 이건 제 생각인데요…"
수업 시간에 한 학생이 조심스레 손을 들고 말을 이었습니다. 저는 무심히 고개를 끄덕이며 "그건 네 생각이고 수업 내용이랑은 다르니까 굳이 지금 얘기할 필요는 없을 것 같은데. 다음에 얘기하자?"고 말했습니다. 그리고 아무렇지 않게 다음 학생을 지명하며 수업을 계속 이어갔습니다. 수업은 평소처럼 마무리됐고, 그 아이는 별다른 말 없이 조용히 자리를 정리하고 나갔습니다.

하지만 며칠 동안 수업 시간에 손을 들지 않았고 표정도 이전보다 한결 조용해졌다는 걸 느낄 수 있었습니다. 처음엔 아이의 의욕이 줄어든 걸 의아하게 생각했습니다만 돌이켜 보니 의욕을 꺾은 건 바로 저였습니다. 아이의 말투가 무례했던 것도 아니었고 수업에 방해되었던 것도 아니었습니다. 다만 '내가 짜놓은 계획'이라는 권위에 아이의 생각을 끼워 넣지 않았던 겁니다.

그런데 그것은 처음이 아니었습니다. 수업 시간에 아이들이 질문을 하면 "그건 나중에 이야기하자.", 의견을 내면 "그건 이 수업과는 상관없어."라며 말을 막곤 했습니다. 아이들이 이야기할 기회를 주기보다, 내 말이 더 옳고 정확하다는 듯한 태도로, 내 기준에 맞지 않으면 자연스럽게 걸러내는 말투와 자세를 저는 습관처럼 반복하고 있었습니다.

『장자(莊子)』 내편 「제물론(齊物論)」에서는 이렇게 말합니다.

> 彼是莫得其偶, 謂之道樞. 樞始得其環中, 以應無窮.
> 피시막득기우      위지도추      추시득기환중      이응무궁
>
> 저것과 이것은 서로 짝을 이루지 못한다, 이를 도의 중심축이라 한다. 중심축이 그 원의 중심을 얻으면, 무한한 변화에 응할 수 있다

이 말은 '다름'은 혼란이 아니라 다양성과 조화를 향한 본질적 출발점임을 가르쳐줍니다. 다름을 억누르고 하나의 잣대로 재단하려는 태도는 참된 도(道)에서 멀어지게 됩니다. 하지만 저는 '다름' 앞에서 조급했고 '조화'보다 '통제'가 먼저였습니다. 학생이 정중히 말해도 제가 준비한 틀을 벗어나면 불편했고 아이의 시선에서 나온 해석이 수업 방향을 흐릴까 봐, 그걸 허용하는 것이 마치 나의 '권위'를 잃는 일처럼 느껴졌습니다.

하지만 이제는 압니다. 수업이 흐트러지는 게 두려운 게 아니라 학생의 생각이 눌리는 교실이 더 두려워야 했다는걸요. 교사에게 필요한 권위는 지식을 얼마나 많이 말하느냐, 목소리의 크기나 판단에 따라 얼마나 잘 통제하느냐에서 나오는 것이 아니라 경청과 존중을 통해 아이와 신뢰로 맺어진 관계에서 나오는 것이라는 걸 진심으로 이해하게 되었습

니다. 학생은 단지 지식을 전달받는 존재가 아니라 함께 생각을 키워나가는 동료이며, 질문을 통해 교사를 성장시키는 살아 있는 거울입니다.

네가 조심스럽게 건넨 생각을
내가 너무 쉽게 밀어냈구나.
말을 걸어준 용기를 반기지 못하고
내 틀에 맞지 않는다는 이유로 차단했구나.
앞으로는 달라질 거야.
생각이 달라도 외면하지 않고
시선이 어긋나도 그 안에 담긴
너의 진심과 관점을 존중할게.
내가 만든 '틀'보다, 때론 너의 말이
교실을 더 풍성하게 만들 수 있다는 걸 기억할게.
진짜 스승은 많은 걸 아는 사람이 아니라,
아이의 말에 귀 기울일 줄 아는 사람이라는 것을 알게.
조금 늦었지만 지금부터 실천해 보려 해.
그러니 다시 한번 말해줄래?
그때 네가 하려던 말,
이제는 내가 끝까지 들어줄게.
네 목소리를 기다리는 사람이 될게.
나를 돌아보게 해줘서 고마워.

## 2. 이름보다 성적표로 먼저 기억했어요

새로운 학교에서 아이들과 만나는 시간은 설레기도 하지만 긴장도 됩니다. 수업도 중요하지만 아이들과의 관계가 어떻게 시작되느냐에 따라 교실의 공기 전체가 달라지기 때문입니다. 교실에서의 관계는 단순히 지식을 전달하는 것을 넘어 서로의 마음을 잇는 다리와도 같습니다. 그러나 그 다리를 제대로 놓지 못하면 배움의 길도 함께 무너질 수 있음을 저는 수년간의 교직 생활에서 깨닫게 되었습니다.

하지만 솔직히 고백하자면 저는 때때로 아이들의 이름보다 성적표로 먼저 기억하려 했던 적이 많았습니다. 시험점수, 출결 상황, 태도점수 같은 수치들에 익숙해진 나머지 정작 그 아이가 어떤 고민을 하는지, 어떤 꿈을 꾸는지 멀리하게 되더군요. 마치 아직은 작은 싹에 불과한 아이들을 이미 자라난 나무처럼 판단하고 "이 아이는 이런 아이야."라고 속단해 버리는 교사가 되어 있었던 것입니다.

『대학(大學)』 전 제8장에는 이런 말이 있습니다.

> **人莫知其子之惡, 莫知其苗之碩.**
> 인막지기자지악       막지기묘지석
>
> 사람은 자기 자식의 허물을 모를 수 있고, 어떤 싹이 크게 자랄지도 모른다.

이 문장은 두 가지 중요한 사실을 일깨워 줍니다. 하나는 누구도 타인을 완벽히 이해할 수 없다는 겁니다. 아이는 끊임없이 변하고 성장하는 존재이기 때문에 현재의 모습만으로 모든 것을 평가하는 것은 너무 이릅니다. 또 하나는 지금은 작아 보여도 무엇이 크게 자라날지 모른다는 겁니다. 오늘의 조용한 아이가 내일은 놀라운 질문을 던질 수 있고 오늘의 느린 걸음이 어느 날 누구보다 단단한 발걸음이 되어 있을 수 있다는 사실을 우리는 너무 자주 잊고 삽니다. 어제의 작고 약한 새싹이 오늘은 강인한 나무로 자라날 수 있습니다.

하지만 현실에서는 그 진리를 곧잘 잊고 지냅니다. 성적이 좋으면 '착한 아이', 성적이 나쁘면 '문제가 있는 아이'로 너무 쉽게 구분해 버리는 실수를 범하죠. 시험점수가 기대에 미치지 못하면 그 아이의 잠재력도 함께 낮게 평가해 버리고, 한두 번의 실수를 이유로 아이의 모든 가능성을 단정 지어버리는 경우도 많습니다. 그러다 보니 아이들은 점점 더 자신의 목소리를 잃고 교실에서는 점점 더 조용해집니다.

어떤 아이는 처음엔 눈을 반짝이며 손을 들지만, 몇 번의 실패와 낙담이 쌓이면 결국 손을 내리고 맙니다. 그 손이 다시 올라오는 데는 시간이 걸립니다. 때로는 그 시간이 너무 길어져서 그 아이의 손은 영영 내려간 채로 남기도 합니다. 그럴 때마다 저는 스스로에게 묻습니다. 내가 그 아이의 손을 내리게 한 건 아닐까? 내가 성적으로, 첫인상으로, 소문으로 그 아이의 가능성을 미리 단정 지어버린 것은 아닐까?
'말이 많으면 산만하고, 말수가 적으면 의욕이 없는 거야'
'잘난척하는 애들은 싹수도 없어서 선생님 뒤통수를 칠 거야'
'귀걸이 하고 화장하고 다니는 거 보니 분명 성적도 엉망일 거야'
'끼리끼리 꼭 저 같은 놈들끼리 모여서 분명 사고나 치고 다닐 거야'

이런 말들이 교사들의 대화 속에서 아무렇지 않게 오가고, 그 말들 속에서 학생의 진짜 목소리는 점점 희미해져 갑니다. 편견은 말보다 먼저 마음을 닫게 합니다. 그리고 선입견은 그 아이의 새로운 시도를 무시하게 하고 결국 아이는 '어차피 나를 그렇게 볼 텐데'라는 체념으로 자신의 가능성을 스스로 접어버리게 됩니다.

네가 무언가를 시작할 때마다
나는 이미 너를 다 안다고 착각했어.
네가 낸 작은 용기에도 의심 섞인 눈빛을 보였고,
네가 다가올 때 마음의 문을 열기보다
경계를 먼저 세웠구나.
이제는 다시 배울게.
아이를 평가하는 대상이 아니라
계속해서 새롭게 만나야 할 존재라는 것을.

내가 본 모습은 너의 '한 부분'일 뿐이고
오늘의 너는 어제의 너와 다를 수 있다는 걸.
그리고 내 시선 하나가 너의 가능성을 열어줄 수도,
닫아버릴 수도 있다는 걸 가슴 깊이 새길게.

편견 없이 바라보는 일은 어렵지만 그 어려움을 감수하는 것, 그게 진짜 교육이고 스승이 걸어가야 할 길이라고 믿습니다. 앞으로 저는 아이들을 다시 보려 합니다. 어제의 모습이 아니라 오늘 그대로인 아이들을 그리고 누군가의 말이 아닌 자신의 목소리로 말하는 아이를 듣지 못해 미안했습니다. 이제는 끝까지 들어주려 합니다.

## 3. 배우려 하지 않았어요

"이건 이렇게 하는 거야."
"그건 다 외워야 해."
"이건 어려운 개념이니까 설명 듣고 따라만 해."

수업 중에 제가 가장 자주 썼던 말들입니다. 아이들은 고개를 끄덕였고 때로는 이해하지 못한 채 멍한 표정을 지었으며 가끔 질문을 던지기도 했습니다. 하지만 그 질문조차 "나중에 설명할 테니까 지금은 기다려."라는 말로 덮곤 했습니다.

저는 늘 '가르치는 사람'이라는 자리에 서 있었습니다. 수업을 준비하고, 설명하고, 문제를 내고, 평가하고, 피드백을 주며 저는 '교사'라는 이름 아래 학생에게 일방적으로 무언가를 전달하는 방식에 익숙해져 있었습니다. 그런데 문득, 이런 질문이 떠올랐습니다.
"나는 과연 이 아이들에게 무엇을 배웠을까?"
"이 아이들로부터 내가 달라진 게 있었을까?"

그리고 그 질문 앞에 저는 조용히 고개를 떨구었습니다. 돌아보면 제가 수업 중에 만난 아이들은 전혀 다른 시선과 감각, 전혀 다른 언어를 지닌 존재들이었습니다.

어떤 아이는 그림으로 이해했고,

어떤 아이는 경험으로 생각했고,

어떤 아이는 말보다는 표정으로 세상을 읽었습니다.

그런데 저는 그 다름을 '비효율'로 여기며 '내가 준비한 방식에 맞게 따라와야 한다'는 생각에 사로잡혀 그들의 언어를 들으려 하지 않았던 것 같습니다.

『논어(論語)』「술이편(述而篇)」에 이런 말이 있습니다.

> 三人行이면 必有我師焉이라 擇其善者而從之하고
> 삼인행        필유아사언        택기선자이종지
> 其不善者而改之니라.
> 기불선자이개지
>
> 세 사람이 길을 가면 반드시 내 스승이 있으니 그중에 선한 사람을 가려서는 그를 따르고 선하지 못한 사람을 가려서는 (자기의) 잘못을 고쳐야 한다.

겸허한 자기성찰을 담은 이 구절은 교사든 학생이든 누구나 배움의 대상이 될 수 있다는 점, 겸손한 배움의 태도를 통해 자신을 돌아볼 수 있어야 한다는 점, 타인의 다름에서 배우는 자세 그것이 진정한 교육이라는 점을 말해줍니다. 진정한 배움이란 지식을 전달하는 데 그치지 않고 그 지식을 사랑하고 더 나아가 삶으로 즐길 수 있게 이끄는 과정이어야 합니다. 그렇다면 아이를 가르친다는 것은 단순히 정보를 제공하는 것이 아니라 아이와 함께 그 의미를 찾아가고, 아이로부터 새로운

해석을 배우고, 그 안에서 내 사고도 변해가는 경험이어야 했습니다.

그런데 저는 '수업 목표'라는 틀, '정답 중심의 사고방식' 안에 갇혀 아이의 언어를 읽으려 하지 않았고, 아이의 감정에서 배우려 하지 않았으며, 아이의 세상을 엿보는 걸 내 역할 밖의 일로 여겨버렸습니다. 마치 이미 정해진 길로만 걸어가게 만들며 아이들의 새로운 시도를 외면했던 것입니다.

아이들은 각기 다른 언어로 세상을 이해합니다. 어떤 아이는 손끝으로 느끼고, 어떤 아이는 마음으로 헤아리고, 어떤 아이는 소리로 세계를 그립니다. 그러나 저는 그들의 목소리를 놓치고 제 방식으로만 이해하려 했습니다. 그러는 사이 아이들의 질문은 점차 줄어들었고 교실의 공기는 점점 무거워졌던 것 같습니다. 그러나 진정한 배움은 '가르치는 것'과 '배우는 것'이 서로 뒤섞여야 비로소 완성됩니다. 서로의 이야기를 듣고 각자의 시선으로 세상을 바라보는 법을 배우는 것. 그것이야말로 우리가 함께 살아가는 방식이며 교육의 진정한 의미가 아닐까요.

> 네가 보여준 세계를
> 나는 너무 쉽게 지나쳤구나.
> 너는 질문 속에 너의 시선을 담아 건넸는데
> 나는 그 질문 속 '정답 유무'만을 따졌어.
> 사실은 나도 모르는 게 많단다.
> 삶이 어렵고, 감정이 복잡하고,

내 마음 하나도 들여다보기 어려울 때가 있어.
그런데도 나는 항상 '알고 있는 사람'처럼 굴었어.
이제는 고백할게.
나는 여전히 배우는 중인 어른이야.
그리고 이제야 진짜로 배우는 법을 알아가고 있어.
가르치기 위해 배우는 것이 아니라
같이 살아가기 위해 배우는 거라는 것.
앞으로 나는 너에게 '정답'을 주는 사람이기보다
같이 질문을 던질 수 있는 사람이 되고 싶다.
배우고 가르치는 일이 따로 떨어져 있는 게 아니라는 걸,
너를 통해 배웠어.
그래서 고맙고, 또 미안하다.
이제부터는 내가 너에게 더 많이 배울 준비가 되어 있어.

# 4. 세상이 변해도 나는 그대로였어요

"요즘 애들은 왜 이렇게 예민하지?"
"선생님이 한마디 한 것으로 삐치고, 단체 대화방에 올린 글에도 상처받고…"
어느 날, 후배 교사와 나눈 이야기였습니다.
저는 고개를 끄덕이며 말했습니다.
"우리 때는 선생님이 좀 무섭고, 말 한두 마디에 혼나기도 했지. 그래도 그게 다 훈육이었잖아. 요즘은 말 한마디도 조심해야 하니 힘들어."
그 말을 하고 돌아서는데 마음이 묘하게 불편했습니다. 무언가 잘못됐다는 걸 느꼈지만 그게 정확히 무엇인지 처음엔 분명하지 않았습니다.

담임 상담 기간이었습니다. 반 아이 중 한 명과 상담하던 중 수업에 대해 어떠냐는 질문에 그 아이는 떨리는 목소리로 말했습니다.
"선생님이 발표를 시키실 때마다 가슴이 쿵쾅거려요. 발표도 부끄럽긴 하지만 제가 말하려던 부분은 조금 다르게 생각하고 있었는데, 혹시 말하면 혼나거나 틀렸다고 할까 봐…"
순간 저는 충격을 받았습니다. 제가 그 아이에게 화낸 적도, 비난한 적도 없었지만 아이들은 조심스럽게 저를 대하고 있었습니다. 그리고 그 조심스러움은 존경이 아니라 '거리감'이었습니다. 아이들은 변해 있었습니다. 감정을 표현하는 언어는 훨씬 섬세해졌고, 관계에서는 존중과 동의를 중시하는 감각이 깊어졌습니다. 무조건 따르기보다는 설명을 듣고 이해하길 원했습니다.

그런데 저는 여전히 "이 정도는 말해도 괜찮겠지." "이건 다들 당연히 받아들이는 거잖아."라는 생각에 머물러 있었습니다. 그 순간 저는 깨달았습니다. 변화는 아이들에게만 필요한 것이 아니라 교사인 저에게도 필요한 것임을. 저는 아이들의 마음을 배우기보다는 내가 알던 방식을 고수하며 아이들이 나에게 맞춰주기를 바랐던 것입니다.

『대학(大學)』 전 제2장에는 이런 문장이 나옵니다.

> **苟日新, 日日新, 又日新.**
> 　구일신　　 일일신　 우일신
>
> 진실로 하루를 새롭게 한다면, 날마다 새롭게 하고, 또 날마다 새롭게 해야 한다.

이 말은 단순히 일상을 새롭게 하라는 의미를 넘어, 스스로의 마음과 태도를 시대에 맞게 끊임없이 갱신하라는 깊은 가르침을 담고 있습니다. 그러나 저는 '교사란 원래 이런 존재다', '아이들은 원래 이렇게 대해도 괜찮다'는 낡은 틀에 너무 오래 머물러 있었습니다. 아이들은 지금 기성세대가 이해하지 못한 '감정의 언어' 속에서 살아가고 있습니다. 그들은 단순히 지시받기를 원하지 않고, 설명을 듣고 이해하고, 그 과정에서 자신의 감정을 존중받기를 바랍니다. 그러나 저는 그들의 감정 변화와 표현 방식을 이해하기보다는 그들이 저에게 맞춰주기를 바랐습니다. 결국 우리 사이에는 점점 더 깊은 거리감이 생겨났고 그 간격은 점점 더 좁히기 어려운 벽이 되었습니다.

예전 방식이 늘 틀린 건 아니지만 그 방식만이 옳다고 고집했던 건 솔직히 말해 저의 게으름이었고 무심함이었습니다. 변화하는 세상을 낯설어하고 두려워해 익숙한 것에만 머물고 싶었던 제 모습이 아이들에게는 무거운 벽처럼 느껴졌을지도 모릅니다. 이제는 그 벽을 허물고 조금 더 가볍게 아이들의 마음에 다가가고 싶습니다. 우리가 "예전에는 이랬다."는 말로 아이들을 재단하는 순간 이미 그들의 마음과는 거리가 멀어지고 있습니다. 아이들은 단순히 더 예민해진 것이 아니라 더 섬세해지고 더 복잡한 감정을 마주하며 성장하고 있습니다. 그들은 더 다양한 언어로 자신을 표현하고, 더 깊은 관계를 원하며, 더 넓은 시야로 세상을 바라봅니다. 그런데도 저는 그 변화를 두려워하며 내가 익숙한 방식으로만 그들을 바라보려 했던 것입니다. 어쩌면 그것이 더 편했기 때문일지도 모릅니다. 더 이상 바꾸지 않아도 되는 익숙한 방식에 머무르려 했던 게으름이 저를 그 자리에서 멈추게 만들었습니다.

> 애들아! 선생님이 미안하다.
> 네가 살아가는 시대를
> 나는 너무 낯설어하고 두려워했던 것 같아.
> 그 두려움이 변화를 거부하게 만들었고,

변화를 거부한 나의 태도가 너를 답답하게 했겠지.

이제는 조금씩 따라가려고 해.

네가 사용하는 언어를 배우고,

네가 중요하게 여기는 감정을 들여다보고,

네가 살아가는 세상의 속도에 나도 발을 맞추어 보려고 해.

선생님도 아직 배우는 중이야.

그러니 네가 나를 가르쳐 주어도 돼.

함께 바뀌는 법을,

함께 성장하는 길을,

너로부터 배워볼게.

그리고 내일은, 오늘보다 조금 더

새로운 마음으로 너를 만나는 교사가 되기 위해

노력할게.

# 5. 듣는 척만 했어요

"선생님, 저 요즘 학교 오는 게 좀 힘들어요."
"음… 왜? 무슨 일 있어? 그래도 학교는 와야지."
"그냥요… 친구들이랑도 좀 어색하고… 많이 피곤하고요."
"친구 관계는 원래 다 그런 거야. 너무 예민하게 생각하지 마."

그 대화는 1분도 채 되지 않았습니다. 저는 아이가 말을 꺼내자마자 이유를 추측했고 결론을 내려 조언이라는 이름으로 서둘러 답을 던졌습니다. 그리고 다음 아이에게로 시선을 돌렸고 역시나 반복된 습관처럼 영혼 없는 대답의 연속이었습니다. 바쁜 하루가 지나고 퇴근시간 교무수첩을 적으며 문득 이런 생각이 들었습니다. 그 아이는 '무슨 말을 하러 나를 찾았을까? 조언을 듣기 위해서였을까? 답을 원해서였을까?' 가만히 생각해 보니 그런 건 아니었던 것 같습니다. 단지 "내 마음을 들어줄 사람", 그저 "그랬구나", "힘들었겠구나" 하고 온전히 자기 이야기를 들어줄 누군가가 필요했던 게 아니었나 싶었습니다.

그런데 저는 '듣는 척'은 했지만 진짜 듣지는 않았습니다. 말은 흘려들었고 마음은 건너뛰었습니다. 고개는 끄덕였지만 감정은 놓쳤습니다. 아이는 조심스럽게 마음의 문을 두드렸는데 저는 너무 쉽게 그 문을 닫아버린 셈이었습니다.

『중용(中庸)』 제25장에서는 이렇게 말합니다.

> **誠者, 自成也, 而道自道也.**
> 성자   자성야    이도자도야
>
> 진실함이란, 스스로 그러한 것이며, 또한 스스로 그러한 것이다.

마음으로 마음을 전하는 것은 진실함이 없으면 아무것도 이루어지지 않습니다. 교사는 말하는 사람처럼 보이지만 사실은 가장 먼저 듣는 사람이어야 합니다. 학생의 목소리 속에 담긴 단어와 단어 사이, 말끝의 떨림, 시선의 움직임, 그 모든 것에 집중해야만 비로소 그 아이와 진짜 만날 수 있습니다. 그러나 저는 바쁘다는 이유로 정답을 알려주어야 한다는 부담으로, 아이들의 말 속에 담긴 마음의 온도를 지나쳤습니다. 그래서 아이는 말은 했지만 이해받지 못했고 저는 들은 것 같았지만 아무것도 남기지 못했습니다.

아이들의 말은 때로는 서툴고 복잡해서 두서가 없는 정리가 안 된 말이기도 합니다. 그래서 무슨 말을 하려는 건지 모호할 때도 있어 의미를 찾기 어려울 수도 있습니다. 그러나 그들의 목소리에는 감정이 담겨 있고 그 감정은 그들 삶의 일부입니다. 단지 문제를 해결하기 위한 정보가 아니라 그들의 세상을 이해할 수 있는 중요한 단서이기도 합니다. 어떤 아이는 불안함 속에서 한마디를 꺼내고 어떤 아이는 마음의 무게를 조금이라도 덜기 위해 이야기를 시작합니다. 그 순간을 놓치는 것은 단지 '말'을 놓치는 것이 아니라 그 아이의 '마음'을 놓치는 것입니다. 그리고 한번 닫힌 마음은 다시 열리기까지 오랜 시간과 많은 신뢰가 필요할 수 있습니다.

우리가 흔히 '들었다'고 말하지만 사실 그건 단순히 소리를 들은 것이지 진심으로 그 사람의 마음을 들은 것은 아닐 때가 많습니다. 단어를 이해하는 것과 마음을 이해하는 것은 다릅니다. 단어는 귀로 들을 수 있지만 마음은 마음으로 들어야만 비로소 전해집니다. 때로는 아이가 말을 꺼내기 전의 머뭇거림, 작게 내뱉는 한숨, 눈을 피하는 시선, 입꼬리에 맺힌 말들… 그 모든 것이 말보다 더 많은 걸 이야기하는 진짜 마음일 수도 있습니다.

> 네가 용기 내어 건넨 그 한마디를
> 나는 너무 쉽게 '조언'으로 포장해 던져버렸고,
> 그 안에 담긴 너의 마음을 제대로 바라보지 못했구나.
> 나는 네가 다치지 않기를 바라면서도,
> 정작 너의 마음을 보려고 하지 않았어.
> 앞으로는 그렇게 하지 않을게.
> 조언보다 먼저 공감하고,
> 해결보다 먼저 머물러 줄게.
> 네가 한 말을 다시 되묻고,
> 그 침묵의 의미를 고민하면서,

정말로 들을 준비가 된 어른이 되려고 해.
수업 시간에, 복도에서, 상담실에서
우리는 매일 말을 주고받지만
그 말이 진짜 '듣는 일'이 되기 위해서는
먼저 마음을 여는 귀가 필요했었어.
네가 다시 내게 말을 걸어온다면
이번에는 마음을 다해 들어주는 사람으로 기다릴게.

# 6. 외면했어요, 일부러요

교실 문을 열고 들어섰을 때 책상에 엎드려 있는 아이 하나가 눈에 들어왔습니다. 입학 초기부터 학교에 잘 적응하지 못하던 아이였고, 몇 차례 상담이 있었지만 뚜렷한 변화는 보이지 않았습니다. 담임 선생님은 "너무 힘주지 말고, 그냥 지켜봐요."라고 하셨고 그날도 아이는 익숙한 모습으로 엎드려 있었습니다. 저도 별말 없이 수업을 시작했습니다. 그런데 옆자리에 앉은 아이가 갑자기 짜증을 내며 혼잣말처럼 구시렁거렸습니다. 엎드려 있는 아이 때문에 뭔가 불편했던 모양입니다. 그 순간, 저는 그 장면을 똑똑히 보았지만 아무 말도 하지 않았습니다.

'기분이 안 좋겠지'
'곧 수업에 집중하면 괜찮아지겠지'
'괜히 말 꺼냈다가 더 예민해질 수도 있어'
그렇게 자신을 스스로 설득하며 아무 일 없는 듯 수업을 이어갔습니다. 하지만 그날 이후에도 그 아이는 종종 같은 모습을 보였고, 교실 안에는 점점 말로 설명할 수 없는 긴장감이 퍼졌습니다. 몇몇 아이들의 눈빛은 늘 누군가를 의식했고, 그 아이가 무심코 말을 걸기라도 하면 순간적으로 교실이 조용해지곤 했습니다.

저는… 알고 있었습니다.

교실 안에서 분명히 무언가가 일어나고 있다는 것을. 누군가는 점점 소외되어 가고 있었고, 누군가는 침묵으로 동조하고 있었으며, 날이 선 듯한 시선들이 조용히 그 아이를 향하고 있었다는 걸. 그런데도 저는 외면했습니다.

'확실하지 않은데 괜히 나섰다가 상황만 더 복잡해질 수도 있어'

'내가 말 꺼냈다고 해서 달라질까?'

그런 생각들이 제 마음을 덮었습니다. 그리고 저는, 그렇게… 일부러 모른 척했습니다.

지금 생각하면 그건 조심스러움이 아니라 비겁함이었습니다. 아이들이 말은 하지 않았지만 분명히 누군가가 자신들을 지켜보고 있다는 사실을 확인하고 싶었을 것입니다. 그 눈빛, 몸짓, 낮게 오가는 속삭임들은 모두 도움을 요청하는 작은 신호들이었을 겁니다. 그런데 저는 그 신호를 외면했습니다.

『논어(論語)』「위정편(爲政篇)」에는 이런 구절이 있습니다.

> **見義不爲, 無勇也.**
> 견의불위   무용야

마땅히 해야 할 일을 보았으면서도 행동하지 않는 것은 용기가 없는 것이다.

이 말은 교사인 저에게 바늘처럼 깊이 찔려 들어왔습니다. 저는 아이들 사이의 이상 신호를 보았고, 그 안의 감정을 느꼈고, 위태로운 공기도 분명히 느꼈지만 "아직 때가 아니다."라는 말로 그 순간을 넘겨버렸던 것입니다. 물론 모든 갈등에 즉각 개입할 수는 없습니다. 아이들 사이의 관계는 복잡하고 예민해서 어설픈 개입은 오히려 상처를 더 깊게 만들 수 있습니다. 하지만 방관은 '무시'와는 다릅니다. 그건 알고도 외면하는 것입니다. 때로는 상황을 판단하기 어렵고 개입하는 것이 두려울 때도 있습니다. 더 나쁜 상황으로 번지지는 않을까, 아이들에게 불필요한 부담을 주지는 않을까 하는 생각이 머리를 스칠 때가 많습니다. 하지만 그런 고민들이 쌓여 결국 외면이 되었고 그 외면이 아이들에게는 깊은 상처로 남게 됩니다.

교사가 보고도 아무 말 없이 지나칠 때 아이들은 이렇게 받아들일 수 있습니다.
'아, 이 정도는 괜찮은 거구나'
그리고 소외된 아이는 이렇게 생각하겠죠.
'결국, 혼자 참는 수밖에 없겠구나'

그 침묵은 학생들의 행동과 감정에 작은 균열과 깊은 상처를 남기게 됩니다. 아이들에게는 교실이 세상의 축소판입니다. 그 안에서 벌어지는 일들은 단순한 사건이 아니라 그들의 자존감과 인간관계에 깊은 흔적을 남깁니다.

네가 힘들어하고 있다는 걸 알고 있었는데
나는 그냥 보고만 있었구나.
'지켜본다'는 말로 내 침묵을 정당화했지만
결국은 너의 하루를 더 고단하게 만든 어른이었어.
그날 단 한마디라도 건넸다면
너의 마음은 덜 외로웠을지도 모르는데,
나는 그저 눈을 돌리고 말았지.
조심스러운 개입일지라도
진심이 담긴 한마디일지라도
그게 누군가에겐 버틸 수 있는 이유가 될 수 있다는 걸,
이제는 정말 알 것 같아.
모든 문제를 해결할 수는 없어도
지켜보고 있다는 믿음을 줄 수 있는 사람
네 곁에 서서 싸워주진 못하더라도
네 편에 서서 눈빛을 건네주는 어른,
그게 내가 되어야 했다는 걸
마음 깊이 새기고 있어.
너를 바라보고 있다는 눈빛으로,
너의 말에 반응하는 표정으로,
네 곁에 서 있는 침묵으로
이제는 내가 진심을 전할게.

# 7. 교사는 학생으로부터 시작됨을 잊었어요

"선생님, 오늘 수업도 재밌었어요."
"선생님, 저번에 해주신 그 얘기 계속 생각났어요."
"선생님, 어제 고민 들어주셔서 감사했어요."

아이들이 가끔 건네는 이런 말들을 언젠가부터 저는 너무 익숙하게 받아들이고 있었습니다. 그리고 아이들의 이야기를 그냥 하는 말이려니 생각하기 시작했습니다. 그러면서 내가 해준 말은 아이에게 위로가 충분히 될 거라고, 내 수업이 이만하면 충분히 전달했을 거라고 스스로 만족했던 것 같습니다. 어느 날 전학을 가게 된 반 아이로부터 편지 한 장을 받았습니다.

"선생님 덕분에 학교에서 어려웠던 일들도 잘 마무리했고 수업 시간 배운 것도 저를 얼마나 많이 성장시킨 건지 모르실 거예요. 제가 선생님 덕분에 달라졌던 것처럼 선생님도 저희를 통해 많이 웃고 고민하고 배우시길 바라요."

처음 그 편지를 읽을 때는 가볍게 생각했지만 반복해서 읽어보니 마지막 문장의 묵직한 한마디가 가슴에 들어왔습니다. '나는 학생들을 보며 무엇을 고민하고 무엇을 배웠을까? 아이들로부터 배웠던 걸 기억하고

있었던가?'

교실에서는 늘 교사가 앞에 서고, 학생들이 교사의 설명을 듣고, 과제를 수행합니다. 이 구조 안에서 저는 자꾸 '내가 중심'이라고 착각했습니다. 하지만 돌아보면 사실은 학생들이 제게 수많은 것을 알려주고 있었습니다. 말 한마디 없이 앉아 있는 아이를 보며 '기다림'이란 무엇인지 배웠고, 나와 다른 의견을 끝까지 말하려는 아이를 보며 '용기'란 이런 것이구나 느꼈고, 작은 일에도 깔깔 웃는 아이들을 통해 '행복'이란 참 별거 아닌 데 있다는 걸 다시 배웠습니다.

『대학(大學)』 경 제1장에는 이런 말이 나옵니다.

> **欲誠其意者, 先致其知; 致知在格物.**
> 욕성기의자     선치기지     치지재격물
>
> 마음을 진실되게 하고자 한다면, 먼저 앎을 지녀야 하며, 앎은 만물을 깊이 들여다보는 데서 시작된다.

이 문장은 단순히 지식을 축적하라는 의미를 넘어 마음을 진실되게 하기 위해서는 먼저 세상을 깊이 바라봐야 한다는 가르침을 담고 있습니다. 교사에게 진짜 앎이란 책에서 나온 지식이 아니라 사람, 특히 학생이라는 '살아 있는 존재'를 깊이 바라보는 데서 시작되어야 합니다. 그러나 저는 아이들을 '이해'하기보다 '지도'하려 했고, 그들의 삶을 '경청'하기보다 '조율'하려 했습니다. 그래서 학생이 교사의 거울이라는 사실을 자주 잊고 살았습니다.

아이들은 저에게 정말 많은 것을 알려줬습니다. 끝도 없이 질문을 던지는 아이는 스스로의 호기심을 소중히 여겨야 한다고 말했고, 사소한 일에도 웃는 아이는 지금 이 순간을 기쁘게 사는 법을 보여줬습니다. 어쩌면 교사의 말보다 친구의 조용한 말 한마디가 더 큰 위로가 될 수 있다는 것도 아이들이 제게 가르쳐 줬습니다. 교사는 단순히 지식을 전달하는 사람이 아니라 함께 성장하는 사람이어야 합니다. 학생들이 없다면 교사라는 존재도 의미를 잃게 됩니다. 학생이 있어야만 교사의 자리가 비로소 의미를 갖는다는 그 단순한 진리를 저는 너무 자주 잊고 있었습니다.

너를 가르치기 바빴고,
정작 네가 나에게 무엇을 알려주고 있었는지는
제대로 돌아보지 못했어.
사실은 말이야,
네가 내게 가르쳐 준 게 훨씬 많았어.
참는 법, 웃는 법, 기다리는 법,
그리고 무엇보다 사람을 바라보는 마음까지도
이제는 잊지 않을게.
교사는 혼자 설 수 있는 존재가 아니라는 것,
학생이 있어야만 교사의 자리가
비로소 의미를 갖는다는 것.

그 단순한 진리를 진심으로 가슴에 새길게.

앞으로도 너에게 배우는 자세로 설게.

가르치기 위해 배우고,

배우기 위해 너의 곁에 머무를게.

네 말에 귀 기울이고,

네 눈빛 하나에 마음을 기울이는 사람으로.

스승은 늘 앞장서기보다,

아이의 마음 안으로 조심스레 걸어 들어가는 사람이라는 걸

조금 늦었지만, 이제야 진심으로 알게 되었어.

너에게서 배운 이 소중한 마음들,

절대 잊지 않을게.

그리고 앞으로도

함께 자라고, 함께 웃고, 함께 고민하며

같이 성장해 나가는 선생님이 될게.

## 8. 내 감정을 학생에게 떠넘겼어요

그날은 아침부터 마음이 무거웠습니다. 집안일 때문에 밤새워 뒤척이며 제대로 잠을 자지 못했고, 출근길엔 예상치 못한 접촉 사고에 짜증이 밀려왔고, 갑작스럽게 업무가 많아진 것도 그렇지만 일을 서두르지 않고 뭐하냐는 관리자의 질책에 기분이 괜히 더 언짢아졌습니다. 온종일 마음이 뒤엉킨 채로 교실 문을 여는 순간 아이들의 밝은 목소리가 튀어나왔습니다.

"선생님, 저 이거 봐요. 예쁘죠."
"오늘 한 번도 안 잤어요."
"수행평가 완전 꿀이던데요."
그 순간, 저는 무심코 큰소리를 쳤습니다.
"조용히 해. 지금 장난칠 분위기 아니야."
아이들은 순식간에 입을 닫았고 제 눈치를 보며 한순간 정적이 흘렀습니다. 아이는 잘못한 게 없었는데 내 하루의 무게에 엉킨 감정이 아이들에게 고스란히 전해지고 있었던 겁니다.

'오늘은 그냥 피곤해서 그래'
'한두 번쯤은 그럴 수도 있지'

그렇게 넘겼던 날들이 쌓여 저는 교실에 내 감정을 먼저 들이밀던 사람이 되어가고 있었는지도 모릅니다. 교실은 아이들의 공간이지만 그 공간엔 교사의 감정도 스며드는 곳입니다. 그 공간의 온도는 학생들만이 아니라 교사의 기분과 태도에 따라 크게 달라질 수 있습니다.

『논어(論語)』「안연편(顏淵篇)」에서는 이렇게 말하고 있습니다.

> 克己復禮爲仁. 一日克己復禮, 天下歸仁焉.
> 극기복례위인      일일극기복례    천하귀인언
>
> 자기를 이기고 예로 돌아감이 인(仁)이다. 하루라도 자기를 이기고 예로 돌아가면 천하가 인으로 돌아간다.

"자기를 이긴다."는 말은 곧 감정을 절제하고 상대를 존중하는 태도를 의미합니다. 이 글에서 저는 자기감정에 휘둘려 아이들에게 날을 세웠습니다. 부끄러웠습니다. 이건 결국 제 스스로의 수양이 부족했기 때문입니다. 이 문장은 감정의 흐름이 사람의 중심을 얼마나 쉽게 흐려놓을 수 있는지를 일깨워 줍니다. 감정은 인간 내면의 가장 강력한 에너지이며 그 방향에 따라 관계 온도가 달라집니다. 기쁨은 주변을 환히 비추지만 분노는 그 빛을 순식간에 어둡게 만들 수 있습니다. 교실도 마찬가지입니다. 교사의 감정은 아이들의 하루를 좌우하는 공기 온도와도 같습니다. 말투 하나, 표정 하나가 아이들에게는 하루의 기분이 되곤 하지요. 하지만 저는 제 감정에 너무 익숙해져 있었고 그 익숙함이 아이들에게 부담이 되고 있다는 사실을 제대로 자각하지 못했습니다. 몸과 마음이 지칠수록 아이들의 장난은 '예의 없음'으로 보였고, 평소와 다름없는 말투도 '버릇없다'는 생각으로 왜곡되곤 했습니다. 그건 아이들의 태도가 아니라 제 마음의 여유가 부족했기 때문이었습니다.

아이들은 매일 조금 들뜬 마음으로 교실 문을 엽니다. 어제보다 더 가까워지고 싶은 친구가 있고, 선생님에게 꼭 묻고 싶은 질문이 있으며, 아직 쓰이지 않은 하루를 기대하는 마음으로 들어옵니다. 그런데 제가 그 마음을 마주하지 못하고 제 감정의 피로와 짜증을 먼저 앞세웠을 때 – 그들의 마음은 천천히, 그러나 분명히 닫혀갔을 것입니다. '자기를 이기고 예로 돌아간다'는 말은 결국 순간의 감정에 휘둘리지 않고 상대의 마음을 먼저 바라보라는 뜻일 것입니다. 교사의 하루는 수많은 감정의 파도 속에서 흔들릴 수 있지만 그 안에서도 중심을 지켜야 할 이유는 분명합니다. 그 중심이 곧 아이들과 나누는 '인(仁)의 시작'이기 때문입니다.

> 넌 너만의 하루를 기대하며 교실에 앉을 텐데,
> 나는 내 마음 하나 다스리지 못해
> 너의 말과 표정에 날을 세웠어.
> 네가 눈치를 보게 하고
> 오늘도 선생님의 기분이 어떤지 살피게 하였던 건
> 내가 감정의 짐을 너에게 넘겼기 때문이야.
> 교사도 사람이라 감정이 없을 순 없지만
> 어른이라면 그 감정을 책임질 줄 알아야 한다는 것,

이제야 정말 마음으로 느낍니다.
참는 게 능사가 아니라
내 감정의 흐름이 누군가를 다치게 하지 않도록 조심하는 것,
그게 내가 먼저 해야 할 일이라는 걸
이제야 진심으로 이해하게 되었어.

아이들에게는 교실이 작은 세상입니다. 그곳에서 아이들은 자신의 목소리를 내고 실수도 하며 배우고 마음을 주고받으며 자라납니다. 그 작은 세상에서 그들의 감정이 존중받지 못하고 교사의 감정에 눌려 목소리를 잃는다면 그곳은 더 이상 배움의 공간이 아니라 두려움의 공간이 되어버릴지도 모릅니다.

앞으로는 내 하루가 힘들어도 그 무게를 아이들에게 넘기지 않으려 합니다. 내 마음이 복잡해도 그 복잡함을 아이들에게 투명하게 설명하지는 않더라도 그 감정이 상처로 가지 않도록 조심해야겠습니다. 학생들은 내가 감정을 흘리는 대상이 아니라 그저 따뜻하게 가르치고 배워가는 동반자이기에 그 소중함을 잊지 않겠습니다. 내 마음을 먼저 살피기 전에 학생들이 안심하고 머무를 수 있는 교실을 만드는 일을 가장 중요한 내 하루의 시작으로 삼겠습니다. 내가 먼저 감정을 다스리고, 내가 먼저 따뜻해지는 것. 그게 어른이 되어야 할 이유겠지요.

# 9. 다름을 인정하기보다 똑같이 하기를 바랐어요

"왜 너만 그렇게 하니?"
"다른 친구들 다 잘하고 있는데, 왜 너는 못 맞추니?"
"지금은 이 흐름을 따라야 해. 혼자 다르게 하면 안 되지."

교실에서 가장 쉽게 나오는 말 중 하나가 '다른 친구들은 다!'입니다. 그 말 속엔 사실 보이지 않는 기준이 들어 있습니다. "이게 보통이고, 이게 정상이고, 여기에 맞춰야 한다." 암묵적인 틀, 교사가 만든 울타리 안에서 저는 아이들을 한 방향으로만 걷게 하고 있었던 겁니다.

한 아이가 숙제를 자기 방식대로 풀어왔습니다. 문제의 정답은 맞았지만 풀이 과정이 조금 독특했습니다. 저는 그 아이에게 말했습니다.
"이건 다르게 풀면 안 돼. 시험에선 이 방식으로 써야 해."
그 순간, 아이의 표정이 어두워졌습니다.
"근데 이게 저는 더 이해가 잘돼서요…"
그 말이 끝나기도 전에 저는 말을 이었습니다.
"그건 네 생각이고, 지금은 선생님이 알려준 방식으로 해야 해."
저는 그 아이의 생각을 들으려 하지 않았습니다. '정해진 방식', '공식화된 흐름', '다수의 선택'을 따라야 한다는 논리로 창의적일 수 있었던 아이의 사고를 눌러버렸던 겁니다.

『장자(莊子)』 내편 「제물론(齊物論)」에는 이런 말이 있습니다.

> **天地與我並生, 萬物與我為一.**
> 천지여아병생　　만물여아위일
>
> 하늘과 땅이 나와 함께 생겨났고, 세상의 모든 것은 나와 하나다.

이 말은 인간과 자연, 사람과 사람 사이의 모든 존재는 각자 다르지만 본질적으로 연결되어 있으며 그 다름 안에서 조화를 이루어야 한다는 장자의 철학을 담고 있습니다. 교실도 마찬가지입니다. 아이들은 모두 다르게 태어났고, 다른 속도, 다른 표현, 다른 이해 방식으로 살아갑니다. 그런데 나는 그 다름을 같게 만드는 데 너무 많은 에너지를 쏟았던 것 같습니다.

'속도가 느리면 부족한 것',
'표현이 다르면 엉뚱한 것',
'질문이 많으면 산만한 것'으로 여겼고,
결국, 아이들이 '자기답게 말하고 움직일 수 있는 기회'를 빼앗아 버렸던 것이지요.

아이들의 다양성은 교실을 더 풍요롭게 만드는 중요한 자산이자 진짜 힘이었습니다. 그러나 저는 그 다양성을 두려워했고 그것을 통제해야 한다고 생각했습니다. 각기 다른 속도, 다른 시선, 다른 표현 방식을 있는 그대로 존중하기보다는, 모두가 같은 방향으로 걷기를 강요했던 겁니다. 같은 방향으로만 걷는 무리 속에서는 새로운 길이 열리기 어렵습니다. 각자의 시선이 모여야 비로소 더 넓은 세상이 보이고, 각자의 목소리가 더해져야 진정한 소통이 이루어질 수 있습니다.

저는 교사였지만 모두를 똑같이 만드는 관리자처럼 행동하고 있었던 것 같습니다. 아이들에게는 각자의 고유한 목소리가 있고 그 목소리는 존중받아야 할 가치가 있음을 자주 잊고 있었습니다. 저는 학생들이 다르게 생각하고 다르게 표현하려 할 때 그 다름을 반기지 않았습니다. 그리고 '다수'라는 기준 속에 아이를 억지로 끼워 넣으며 그 안에서 적응하지 못하면 문제라고 판단했습니다. 하지만 지금에 와서 생각해 보니 학생들이 보여준 그 다름이야말로 교실을 더 풍요롭게 만드는 가능성이었다는 것을 이제 알게 됩니다.

너의 독특한 시선이 없었다면,
너의 색다른 생각이 없었다면,
우리 교실은 훨씬 더 단조롭고
창의성이 없는 공간이 되었을 거야.
앞으로는 달라지고 싶어.
같은 속도로 걷게 하기보다
각자의 걸음으로 함께 걸을 수 있는 교실을 만들고 싶어.
그 안에서 너는 너답게,

다른 친구들도 각자답게 성장할 수 있도록.
교사의 역할은 틀을 씌우는 게 아니라
틀 밖으로 나올 수 있는 용기를 응원하는 것이라는 걸
이제야 알게 되었어.
너는 틀린 게 아니라
그저 '다른' 것이었단다.
그 다름을 미처 반기지 못해서… 미안해.
앞으로는 네가 조금 다르게 생각해도,
조금 다른 방식으로 표현해도,
그게 틀린 것이 아니라 너만의 길임을 기억할게.
너의 다름이 더 이상 외면받지 않도록
그 다름을 존중하는 어른이 될게.

# 10. 학교에서 하루가 아이의 전부란 걸 잊었어요

수업을 마치고 교실을 나가려던 찰나 한 아이가 제게 말했습니다.
"선생님, 오늘 하루 종일 교실에서만 있었어요. 창문 밖 한번 보는 게 제일 재미있었어요."

'하루 종일 교실에 있었다…'
'창문 밖 보는 게 제일 재미있었다…'
생각해 보면 아이들은 아침 8시 무렵 등교해, 고학년이 될수록 오후를 지나 저녁까지 대부분의 시간을 교실 안에서 보냅니다. 교실은 아이들에게 집이 되고, 거리이자 놀이터가 되고 하루의 거의 전부가 되는 세상입니다. 하지만 저는 그 공간을 단지 '수업이 이뤄지는 장소'로만 여겨왔던 것 같습니다.

"조용히 해."
"시간 없어. 빨리 시작하자."
"딴생각하지 말고 집중해."
"쪽지 시험점수 나쁘면 나머지 할 거야."

그 말들 속엔 아이들이 '오늘 하루를 어떻게 살고 있는지'에 대한 질문은 없었습니다. 그저 시간표에 맞춰 움직이는 존재, 교사의 계획대로 따라야 하는 존재로만 생각하고 있었던 것 같습니다. 아이들은 하루의 절반 이상을 교실에서 보냅니다. 그 시간 동안 아이들은 웃고, 울고, 때론 다투고, 질문을 던지며, 그렇게 조금씩 자라납니다. 그러나 저는 그 하루의 절반을 단지 '수업을 듣는 시간'으로만 여겼던 것은 아니었을까요?

『중용(中庸)』 제1장에는 이런 말이 있습니다.

> **致中和, 天地位焉, 萬物育焉.**
> 치중화    천지위언    만물육언
>
> 중용의 도리를 다해 조화를 이루면, 하늘과 땅이 제자리를 잡고, 만물이 자라난다.

이 말은 관계의 조화가 단지 사람 사이의 문제가 아니라, 세상의 이치와 생명의 흐름 전체에 영향을 준다는 깊은 가르침입니다. 아이와 교사의 관계 역시 마찬가지입니다. 그 하루의 흐름 속에서 내가 어떤 표정으로, 어떤 말로 아이를 마주하느냐는 그 아이의 하루를 지탱하는 힘이 되기도, 더 무거워질 수도 있을 겁니다. 그러나 저는 아이에게 "오늘 하루 어땠니?"라고 묻기보다 "숙제했니?", "시험 준비했니?", "수업 내용은 잘 따라가고 있니?"만 물었습니다.

아이의 하루를 '성과'로만 해석했고, 그날의 감정이나 작은 기쁨, 서운

함 같은 살아 있는 감정들은 놓쳤습니다. 아이들에게는 하루의 절반 이상을 보내는 교실이 그들의 세상이자 무대입니다. 그곳에서 그들은 꿈을 꾸고, 실패하고, 다시 도전합니다. 그러나 저는 그 공간을 단지 '수업이 진행되는 장소'로만 바라보았고 그 속에서 일어나는 작은 드라마들을 무시한 채 수업의 흐름에만 집중했습니다.

어쩌면 아이들이 창문 밖을 바라보며 한숨을 쉬는 이유는 단순히 지루해서가 아니라 그 공간이 너무나도 작게 느껴지기 때문일지도 모릅니다. 아이들은 교실 안에서 자라고 있지만 그 마음은 언제나 넓은 세상을 향해 있습니다. 그러나 저는 그 아이들의 시선을 억지로 교실 안에만 가두려 했던 것은 아니었을까 미안했습니다.

> 너는 하루의 절반 이상을 내 눈앞에서 보내고 있었는데,
> 나는 너의 시간을 내 시간처럼 여기지 못했어.
> 교실이 너에게 얼마나 큰 세상인지,
> 그 안에서 얼마나 많은 감정을 겪고 있는지
> 제대로 바라보지 않았구나.
> 이제는 너의 하루를 더 소중히 여기고 싶어.
> 한 교시의 수업이 아니라,
> 너의 삶을 살아가는 그 시간의 일부로서
> 내가 어떤 존재로 함께할지를 더 고민할게.
> 너의 하루가 누군가에게는 평범한 시간이겠지만,
> 너에게는 다시 오지 않는 소중한 하루라는 걸 잊지 않을게.

네 하루의 절반이 내가 있는 이 공간에서 빛나기를,
네가 학교를 떠날 때 웃는 얼굴로 문을 나설 수 있기를 바라며,
앞으로도 너의 하루를 더 깊이, 더 따뜻하게 함께할게.

수업은 한 시간일지 몰라도 교사는 그 시간 만나는 이들의 하루 전체에 영향을 주는 사람입니다. 이런 점을 진심으로 마음에 새기며 매 시간, 매 시선, 매 한마디를 더 조심스럽게 내어놓아야겠습니다. 오늘 학생들이 학교에서 보낸 시간이 조금은 더 따뜻하고, 조금은 더 자신답게 살아지는 시간이 되도록 곁에서 그렇게 살아보는 노력을 하겠습니다.

## 11. 감정을 읽는 것보다 규칙을 먼저 봤어요

"선생님, 쟤 요즘 좀 이상하지 않아요? 자꾸 멍하니 있고, 말도 줄었고… 수업 중에도 집중을 잘 못 해요."
복도를 지나던 중 동료 선생님이 슬며시 제게 말을 건넸습니다. 머릿속에 스쳐 가는 얼굴을 떠올리며 교실 안을 쳐다봤습니다.

며칠 전, 발표 차례가 되었을 때 목소리가 유난히 작았던 아이. 웃던 얼굴이 조금 무표정하게 굳어 있던 그 아이. 쉬는 시간마다 창가에 혼자 앉아 있던 아이. 저는 그때, 단 한 번도 제대로 그 아이의 얼굴을 바라보지 않았다는 생각이 들었습니다.

'요즘 피곤한가 보다'
'그냥 조용한 성격이겠지'
'수업만 잘 따라오면 됐지!'

그런 생각으로 넘어갔습니다. 그리고 깨달았습니다. 아이의 감정은 교실 안에서 끊임없이 신호를 보내고 있었는데 저는 그 신호를 받으려 하지 않았다는 것.

『논어(論語)』「위정편(爲政篇)」에는 공자가 이렇게 말합니다.

> 視其所以, 觀其所由, 察其所安, 人焉廋哉.
> 시기소이   관기소유   찰기소안   인언수재
>
> 그 사람이 하는 짓을 보고 그 사람이 걸어온 길을 살피고 그 사람이 어떤 것에 만족을 느끼는지를 관찰한다면 그의 사람 됨됨이를 어디다 숨기랴.

이 말은 곧, 표현되지 않아도 감정은 언제나 행동과 태도, 침묵 속에 드러난다는 뜻입니다. 그리고 그것을 알아보는 눈이 바로 교사에게 필요한 '관찰'이고 '공감'입니다. 하지만 저는 그저 '열심히 하는지', '수업을 따라오는지', '과제를 했는지'만 확인했지, 그 아이가 오늘 어떤 기분인지, 무언가 힘든 건 없는지 조금도 궁금해하지 않았습니다. 감정은 성적표에 찍히지 않고, 출석부에 기록되지 않기에 너무 쉽게 놓치기 쉬운 존재입니다. 그러나 아이의 말 한마디, 눈빛 한 줄기, 자리 배치에서의 망설임 속에 정말 많은 이야기가 숨어 있다는 사실을 이제야 진심으로 알게 되었습니다.

사실 감정은 규칙처럼 명확하지 않습니다. 점수로 측정하기 어렵고 정해진 틀에 맞출 수도 없습니다. 그래서 때로는 그 복잡함이 부담스러워 무의식적으로 외면하기도 합니다. 교실이 감정 없는 공간이 된다면 아이들은 숨이 막히는 공간이 될 수 있습니다. 어쩌면 제가 그 아이의 눈빛을 놓친 것은 단순한 실수가 아니라 규칙을 먼저 보고 감정을 나중에 본 제 태도 때문이었을지도 모릅니다. 그 아이의 조용한 자리 배치,

멍하니 창밖을 바라보는 눈빛, 더 이상 활발하게 참여하지 않는 태도는 분명 저에게 보내는 작은 신호들이었을 겁니다. 그러나 저는 그 신호를 보지 않고 '규칙'과 '평균'이라는 기준 안에서만 아이들을 바라봤던 것은 아닐까요? 규칙을 잘 지키는 아이는 '착한 아이', 규칙을 어기는 아이는 '문제아'로 분류하며 그 안에서 아이들의 감정을 쉽게 단정 지어버렸던 것은 아니었는지 반성하게 됩니다.

너는 나에게 작은 신호들을 보냈는데
나는 그 신호를 놓쳤고,
그것이 네가 조용히 '더 멀어지는' 이유가 되었을 수도 있어.
내가 조금만 더 천천히 너를 바라봤다면,
수업이 아닌 감정을 먼저 살폈다면,
너의 하루가 덜 외롭고 덜 고단했을지도 몰라.
앞으로는 너의 목소리만 듣는 게 아니라
네 마음의 온도에도 귀 기울일게.
수업을 잘 따라오느냐보다
오늘 네가 편안한 하루를 보내고 있는지가
더 중요한 질문이라는 걸 잊지 않을게.

교사는 지식만 나누는 사람이 아니라 아이의 마음을 알아차리고 그 마음 곁에 조용히 머물 줄 아는 사람이라는 걸 꼭 지키며 살아야겠습니다. 학생의 감정을 놓치지 않으려 노력해야겠고 그들이 보내는 그 어떤 작은 신호도 마음으로 받아낼 수 있도록 더 천천히, 더 따뜻하게 바라봐야겠습니다. 아이들의 표정과 시선, 그 작은 몸짓 하나도 놓치지 않으려 노력하는 것, 그게 내가 이제부터 지켜야 할 진정한 '규칙'이라 생각하겠습니다.

## 12. 밝은 말을 건네는 데 인색했어요

"이 정도로는 부족해."
"이렇게 해서 원하는 학교에 갈 수 있을까?"
"다른 친구들은 벌써 다 끝냈다는데, 넌 왜 이래?"

아이에게 던진 말들이었습니다. 격려하려는 마음보다는 '더 잘해야 한다', '지금 이대로는 안 된다'는 경고의 말들이었습니다. 그때는 그런 말이 아이를 자극하고 동기를 불러일으키는 방법이라고 생각했습니다. 그런데 과연 이런 말들이 '정신 차리게 하는 방법'으로 동기를 불러주었는지 의심이 들었습니다. 어느 날 우연히 학생들이 제 이야기를 하는 것을 들었습니다. "담임 선생님은 뭐라고 말은 하는데 자꾸 혼난다는 느낌이 들고, 계속 이야기를 듣다 보면 안 될 것 같다는 생각만 더 생기는 거야…"

그 말에 저는 멍해졌습니다. 분명히 '도와주고 싶어서' 한 말이었고, '좀 더 나아지길 바라는 마음'으로 건넨 말이었는데… 그 말이 아이에겐 부정과 실망의 언어로 들렸다는 걸 그제야 깨달았습니다. 저는 언제부터 '할 수 있어'라는 격려보다 '이래선 안 돼'라는 걱정을 더 많이 하고 있었던 것 같습니다. 또 '잘했다'는 칭찬보다 '아직 못했어?'라는 지적이 먼저 나왔습니다.

『논어(論語)』「학이편(學而篇)」에서는 이렇게 말합니다.

> 巧言令色, 鮮矣仁.
> 교언영색    선의인
>
> 말을 번지르르하게 하고 얼굴빛을 좋게 꾸미는 사람은 인(仁)이 적다.

공자는 인(仁)의 실천이 말의 꾸밈이 아닌 진심에서 비롯되어야 한다고 했습니다. 필요한 말을 필요한 순간에 전하는 것도 맞지만 '정답 같은 말'만 하려던 저의 불찰이 미안했습니다. 내가 뱉은 말은 결국 내 안에 있는 마음의 방향을 그대로 비춥니다. 저는 '걱정'이라는 마음으로 아이를 대했기에 희망보다 경고를, 격려보다 불안을 먼저 내보였던 것입니다. 긍정은 무조건 칭찬하거나 덮어주는 게 아닙니다. 긍정은 아직 부족해도 가능성을 본다는 태도, 지금 잘하지 못해도 충분히 나아질 수 있다고 믿어주는 마음입니다.

하지만 저는 실수를 보자마자 "왜 또 그랬어?"라고 물었고, 성적이 떨어지면 "이래서 걱정이야."라며 한숨을 쉬었고, 학생들의 작은 진전을 바라보는 대신 여전히 부족한 점만 골라 말하곤 했습니다. 내 말 속에는 늘 '조금 더', '좀 더 나아져야 해'만 있었고 그 안에 담긴 학생들의 노력은 잘 보지 못했습니다. 사실 아이는 조금씩 성장하고 있었고 자기 속도로 최선을 다하고 있었는데 말이죠. 저는 그걸 인정하지 못하고 저의 기대치로만 평가한 잘못을 범했습니다.

어느 날, 한 아이가 점심시간에 다가와 말했습니다.
"선생님, 어제는 제가 잘했죠? 칭찬 좀 해주세요."
칭찬은 단순한 인정이 아니라 그건 자기 자신을 스스로 믿게 만드는 작은 발판이었고 그 하루를 견딜 수 있는 힘이었습니다. 교사이기에 말을 더욱 골라 써야 할 것 같다는 생각이 들었습니다.
'왜 못했어?' 대신 '어디가 어려웠어?'
'이래서 안 돼' 대신 '어떻게 하면 조금 더 나아질까?'
그리고 아직은 완벽하지 않아도
"그래도 많이 좋아졌어."
"지난번보다 더 나아졌네."
그 말 한마디가 아이의 어깨를 펴게 만들 겁니다.

말은 단순한 소리가 아니라 아이의 마음에 들어가는 문입니다. 내가 던지는 말 하나가 그 아이 안에 '할 수 있다'는 믿음을 틔우기도 하고, '나는 안 될지도 몰라'라는 낙담을 자라게 하기도 합니다. 제가 교사라는 이유로 언제나 옳은 말을 한다고 착각했는지도 모릅니다. 하지만 이제는 알겠습니다. 교사는 옳은 말을 하는 사람이기도 하지만 필요한 말을, 필요한 순간에, 필요한 마음으로 전할 수 있는 사람이어야 한다는 걸요. 교사는 아이의 거울이라는 말처럼 내가 어떤 표정을 짓고 어떤 말을 하느냐에 따라 학생의 자존감과 가능성이 흔들릴 수도 있다는 걸 잊지 않고 살아야겠습니다. 긍정은 말로만 하는 게 아니라 그 아이를 믿는 눈빛과 기다리는 태도 속에 담긴다는 걸 삶으로 보여주겠습니다.

너는 지금도 너만의 속도로 충분히 잘 가고 있었는데,
나는 내 기준에 맞추어 '더 빨리', '더 완벽히'만 바라보며
너를 밀어붙였던 것 같아 미안해.
너는 계속해서 자라고 있었는데,
나는 그걸 보지 못한 채 자꾸만 부족함만을 들여다봤어.
앞으로는 네가 조금 느리게 가더라도
"괜찮아, 그 속도도 너다운 거야."라고 말해줄게.
한번 실수해도 "그럴 수 있어, 다시 해보면 돼."라고 말해줄게.
내 말이 너의 마음을 눌러선 안 된다는 걸,
말보다 먼저 봐야 할 건 너의 표정과 숨소리,
네 눈빛에 담긴 마음이라는 걸 잊지 않을게.
너의 작은 노력 하나하나가 소중해.
네 작은 걸음은 절대 작지 않아.
앞으로도 네 안에 있는 가능성을
내가 먼저 믿고, 지켜봐 줄게.
네가 네 스스로를 믿을 수 있을 때까지.

## 13. 안 될 이유부터 찾았어요

"선생님, 저 축구선수가 되고 싶어요."
이제 중학교 3학년이 된 작년 반 학생이 저를 보며 말했습니다. 저는 잠시 멈칫했습니다. 아이의 눈빛에는 간절함이 담겨 있었지만 제 머릿속에는 이미 여러 가지 걱정이 떠올랐습니다.

"축구선수? 너 축구부도 아니잖아."
"프로 선수가 되려면 어릴 때부터 훈련을 받아야 하는데, 지금은 너무 늦지 않았니?"
제 입에서 나온 말은 격려와 걱정이 아닌 의심이었습니다. 프로축구선수의 길이 얼마나 험난한지 그 치열한 경쟁 속에서 얼마나 많은 아이들이 좌절하는지를 주변 경험을 통해 잘 알고 있었기 때문입니다.

"솔직히 말해서 학교에서 조금 잘한다고 프로 선수가 될 수 있는 건 아니야."
"너보다 훨씬 더 열심히 훈련하는 아이들이 많다는 걸 알고 있니?"
"단순히 축구가 좋다는 이유만으로는 부족해. 네가 정말 그 길을 갈 각오가 되어 있는지 생각해 봐."
그때 아이의 표정이 살짝 굳어지는 걸 보았습니다. 마치 자신이 너무 큰 꿈을 꾸었다는 듯 스스로를 작게 만드는 눈빛이었습니다. 그러나 저는 그 미세한 변화를 놓쳤습니다. 아이의 용기를 꺾는 대신 그 작은 불씨를 더 크게 키워주어야 했는데 저는 '위험'을 먼저 떠올렸고, '실패'를 먼저 예측했습니다.

『중용』 제20장에는 이런 말이 있습니다.

> **凡事豫則立, 不豫則廢.**
> 범사예칙립    불예칙폐
>
> 무릇 모든 일은 미리 준비하면 이루어지고, 준비하지 않으면 무너지게 된다.

이 구절은 준비의 중요성을 강조하는 문장이지만 '준비'는 도전의 싹을 꺾는 조건이 아니라, 그 도전을 응원하며 함께 채워나가는 준비여야 한다는 말이 아닐까 싶습니다. 저는 자주 '준비가 안 됐다', '안 될 수 있다'는 이유로 아이들의 도전을 막는 말을 했습니다.

"축구선수? 지금 시작하기엔 너무 늦었어."
"그냥 학교에서 재미로 하는 것과는 달라."
"네가 진짜 그만한 노력을 했어?"
이 말들은 결국 '지금 너는 아직 부족하다'는 메시지로 들렸을지도 모릅니다. 내 걱정이라는 이름으로 그 아이의 용기를 지지하기보다 걱정으로 덮었습니다.

하지만 가만히 생각해 보면 프로 선수가 되는 길이 험난한 것은 맞지만 모든 선수가 어린 시절부터 시작한 것은 아니었습니다. 어떤 선수는 뒤늦게 시작했지만 꾸준한 노력과 열정으로 성공한 사례도 있었습니다. 그들에게는 "늦었다."는 말보다 "해보자."는 말이 더 큰 힘이 되었을 겁니다.

며칠 뒤, 같은 아이가 축구 연습을 하고 있는 모습을 우연히 보았습니다. 비록 다른 친구들보다 아직 미숙했지만 땀을 흘리며 공을 쫓는 모습에는 진심이 담겨 있었습니다. 그 순간 깨달았습니다. 아이의 가능성을 제 기준으로 판단했던 것은 아닐까? 그 가능성을 지지해 주는 대신 내 경험과 불안으로 그 꿈을 제약하고 있었던 건 아닐까?

너의 그 한마디에
내가 얼마나 많은 걸 배웠는지 몰라.
네가 내게 건넨 말은 단지 '꿈'이 아니라
너의 용기였고, 너의 진심이었어.
그리고 나는 그 소중한 용기에
조금 더 조심스러웠어야 했어.
그러니 다시 말할게.
실패해도 괜찮아.
시작했다는 것만으로도 너는 대단한 거야.
길을 잃어도 함께 다시 찾으면 돼.
힘들면 잠깐 쉬어도 돼. 대신 포기하진 말자.

> 너는 어디든 갈 수 있어.
> 네가 진심이라면, 나는 너의 편이야.

교사는 아이를 안전하게 안내하는 사람이기도 하지만, 세상이 무서워도 시도할 수 있게 등을 밀어주는 사람이기도 해야 한다는 걸 왜 잊고 있었을까요. 앞으로는 '될까?'보다 '해보자', '힘들어'보다 '함께하자' 그런 말을 먼저 건네는 선생이 되려고 합니다. 학생들의 도전이 끝나기 전에 내 불안이 시작되지 않도록 이제는 교사인 내가 먼저 용기를 내보려 합니다. 가능성을 먼저 보고 할 수 있다는 용기를 주며 그걸 믿어주겠습니다.

# III

# 선배라고 다 아는 것은 아니었습니다

# 1. 이유 없이 화부터 냈어요

"몇 번을 말해야 알아듣니?"
"내가 괜히 하는 말 아니야."
"이게 기본이야, 기본도 안 되면 어디 가서 뭐 하겠니?"

제가 쏟아낸 말에 후배는 말없이 고개를 숙였습니다. 그 표정엔 억울함도 있었고 당황스러움도 있었고, 무엇보다 아무 말도 할 수 없는 체념이 담겨 있었던 것 같습니다. 하지만 저는 끝까지 '내가 옳다'고 믿었습니다. 그리고 그렇게 마음을 쏟아낸 뒤 나 자신에게 말했습니다.

"그 친구를 위해서 한 말이었어. 그 정도는 당연히 감수해야 성장하는 거지."
그렇게 스스로를 합리화했습니다. 하지만 시간이 지나고 보니 그날 저는 단순히 '화'를 냈고 그 화는 그 친구를 위한 것이 아니라 나 자신을 위해 쏟아낸 감정의 해소였다는 걸 알게 되었습니다. 그 후배는 단지 실수를 했을 뿐이었습니다. 혼자 감당하기엔 처음 해보는 일이 많았고 조금만 더 설명해 주면 충분히 따라올 수 있었을지도 모릅니다. 그런데 저는 그 실수에 '답답함', '기대 이하', '자존심의 상처'를 섞어 '화라는 이름으로 던져버린 것입니다.

『도덕경(道德經)』 제73장에는 이런 말이 있습니다.

> 勇於敢則殺, 勇於不敢則生.
> 용어감칙살      용어불감칙생
>
> 감히 나아가는 데에 용맹함을 두면 해치게 되고, 감히 나아가지 않음에 용맹함을 두면 살리게 된다.

진짜 용기는 감정을 내세우는 데 있는 것이 아니라 그 감정을 멈추고 타인을 살펴보는 데 있다는 의미입니다. 하지만 저는 '선배'라는 이름 뒤에 숨어 감정을 터뜨리고 말았습니다. 그리고 그 감정이 만들어 낸 분위기 속에 후배는 말을 잃고 자신감을 잃고, 어쩌면 성장의 가능성마저 꺾였는지도 모릅니다. 저는 경험이 많았을지 몰라도 그 경험을 어떻게 나누는 것이 옳은지에 대해서는 너무나 서툰 사람이었습니다.

"왜 이렇게 단순한 걸 못 알아듣는 거지?"
"이건 기본인데, 기본도 안 되면 어쩌자는 거야?"

이렇게 내뱉은 말들이 사실은 후배의 부족함이 아니라 내 조급함과 불안함에서 비롯된 말들이었습니다. 그날의 후배는 단순히 실수를 한 것이 아닙니다. 아마도 나름대로 최선을 다하고 있었을 겁니다. 다만 경험이 부족했을 뿐 그 부족함은 채워가면서 성장할 수 있는 시간이 필요한 것이었는데 저는 그 시간을 주지 않고 즉각적인 결과만을 요구했습니다.

"이게 최선이야?"

"조금 더 잘할 수 있지 않아?"

그 순간 저의 마음속에는 후배를 '잠재력'을 이끌어 주겠다는 마음보다는 내 기준에 맞춰주길 바라는 기대만 가득했습니다. 진정한 선배란 단지 지식과 경험을 나누는 사람이 아니라 그 사람이 성장할 수 있도록 기다려 주는 사람이라는 것을요. 말의 강도보다 눈빛의 따뜻함이, 지적보다 격려가 더 큰 변화를 만들 수 있다는 사실을 말입니다. 내가 조금 더 알고 있다면 그 앎을 화로 말하지 않고 기다림과 신뢰로 보여주는 어른이 되고 싶습니다. 그게 진짜로 아는 사람, 진짜로 강한 사람이라는 걸 이제야 깨닫습니다.

혹시…

그때 꺾였던 네 마음이

아직도 어딘가에서 조용히 주저앉아 있다면,

그 마음을 다시 일으킬 기회를 내가 줄 수 있다면 참 좋겠습니다.

그리고 네가 다시 나에게 다가와 물어봐 줄 수 있다면.

"선배, 이번엔 이렇게 해보면 어때요?"라고 말해준다면.

그땐 진심으로 웃으며

"좋다, 같이 해보자."고 대답할게요.

지금도 충분히 잘하고 있고.

네가 여기까지 온 것만으로도 참 기특해.

우리 같이 다시 해보지 않을래.

## 2. 돈이 전부인 것처럼 말했어요

"야, 그건 돈이 안 돼."
"지금은 현실을 봐야지. 좋아하는 것으로 밥 먹고 살 수는 없어."

후배가 고민 끝에 털어놓은 꿈에 처음으로 던진 말은 '격려'도 '공감'도 아니었습니다. 수입, 안정성, 승진 구조, 퇴직 후 전망 그런 계산기부터 두드리는 말들이었습니다. 그때 나는 현실을 말해주는 '현명한 선배'라고 생각했습니다. 하지만 지금 돌이켜 보면 저는 현실을 말한 게 아니라 현실을 강요하고 있었던 것 같아요. 한 후배는 말했습니다.
"선배 말을 들으면 마음이 무거워져요. 당연히 걱정해서 하는 말이겠지만… 왜 자꾸 꿈보다 연봉 이야기를 먼저 하세요?"

그 말에 저는 아무 대답을 하지 못했습니다. 정말 그랬습니다. 누가 무슨 일을 하고 싶다고 하면 저는 그 일이 얼마나 벌 수 있는지, 미래가 보장되는지, 경쟁력이 있는지부터 따졌습니다. 그리고 무심코 말했습니다.
"이 세상에서 돈이 제일 중요해."
"아무리 의미 있어도 돈 없으면 다 소용없어."
아무렇지 않게 내뱉었던 내 모습이 지금은 참 낯설고… 부끄럽습니다.

『맹자(孟子)』「양혜왕편(梁惠王篇)」에는 이런 말이 나옵니다.

> 王曰：「何以利吾國?」 大夫曰：「何以利吾家?」
> 왕왈　　하이리오국　　　　대부왈　　　하이리오가
> 士庶人曰：「何以利吾身?」 上下交徵利而國危矣
> 사서인왈　　하이리오신　　　　상하교징리이국위의
>
> 왕이 이익을 말하면, 신하도 이익을 말하고, 백성도 서로 이익만 따지니 나라가 위태로워져 결국 세상은 흔들린다.

맹자는 이렇게 말합니다. 지도자 한 사람의 '이익' 중심 사고가 사회 전체의 도덕과 질서를 무너뜨릴 수 있다는 경고입니다. 그리고 이 말은 지금 시대의 우리에게도 그대로 적용됩니다. 저는 '인생의 기준'을 돈으로 말했고 그 기준 안에서 후배들의 가능성과 선택을 너무 쉽게 재단해 버렸습니다. 꿈은 돈이 되느냐에 따라 가치가 달라졌고 좋은 직업이란 '월급이 센 것', '안정적인 것', '사회적으로 인정받는 것'만으로 정의 내렸습니다.

그러나 저는 몰랐습니다. 그 말들이 후배들에게
"돈을 많이 벌어야 가치 있는 사람이 돼."
"남들 앞에 서지 못하는 삶은 실패야."
이런 메시지로 들렸을지도 모릅니다. 돈이 중요하지 않다는 게 아닙니다. 그렇지만 돈이 전부인 것처럼 말하는 순간, 그 사람의 삶에서 '의미', '기쁨', '자율성'은 점점 뒷순위로 밀려나게 됩니다.

한 번은 후배가 조용히 물었습니다.
"선배는 어릴 때 꿈이 뭐였어요?"
그때 저는 잠시 말을 멈췄습니다. 저도 한때는 단순히 돈을 벌기 위한 직업이 아닌, 세상을 더 나은 곳으로 만들고 싶다는 막연한 꿈이 있었습니다. 하지만 어느 순간부터 그 꿈은 현실의 무게에 눌려 단순히 '안정적인 직장', '높은 연봉'을 추구하는 목표로 바뀌어 버렸습니다. 그러나 후배는 아직 그 꿈을 포기하지 않은 상태였습니다. 저는 그 가능성을 보지 못하고 돈의 논리로만 그 꿈을 잘라냈습니다. 어쩌면 내가 '현실'이라고 말한 것들이 그저 내 '두려움'에서 비롯된 것은 아니었을까? 나조차 포기한 꿈을, 그 순수한 열정을, 나의 불안으로 짓누르고 있었던 것은 아니었을까? 미안했습니다.

> 너는 삶에 대해 묻고 있었는데
> 나는 돈의 논리로만 답했어.
> 너는 어떤 모습으로 살 수 있을지 상상하고 있었는데
> 나는 그 상상을 숫자로만 잘라냈어.
> 이제는 너의 이야기를 다시 듣고 싶다.
> 어떤 일을 하고 싶은지,
> 그 일을 왜 좋아하게 되었는지,
> 그 안에서 어떤 사람으로 살고 싶은지를
> 돈보다 먼저 물어보고, 들어줄 수 있는 선배가 되고 싶어.
> 너는 너만의 이유로 살아도 돼.
> 그 이유가 세상 기준과 다르다고 해도

나는 그것을 존중하고, 지지하고,
내가 걸어온 길보다
네가 가고 싶은 길을 믿어주는 사람이 되고 싶어.
이전엔 돈이 가장 중요하다고 생각했지만
지금은 네가 삶을 어떻게 살아내고 싶은지를
가장 먼저 말할 수 있도록
조용히 곁을 지키는 어른이 되고 싶단다.
너는 꿈을 말할 자격이 있는 사람이고,
나는 그 말을 진심으로 들어줄 수 있는 선배가 되고 싶어.

## 3. 어리다고 가볍게 봤어요

"그건 아직 네가 어려서 그래."
"나중에 알게 될 거야."
"지금은 이해 안 되겠지만, 인생이란 게 그래."
그 말들은 마치 조언처럼 들리지만 돌이켜 보면 그 말들은 사실 상대의 말을 듣지 않겠다는 선언이었습니다. 저는 그 말로 후배의 이야기를 자르고 그 마음의 문을 조용히 닫아버렸습니다.

한 후배가 조심스럽게 이야기했습니다.
"선배, 요즘은 일할 때 소통 방식이 조금 달라진 것 같아요. 너무 명확하게 선 긋거나 위계 중심으로 대하면 오히려 거리감이 생기더라고요."

저는 속으로 웃었습니다.
'그래, 어리니까 저런 말을 하지'
'좀 더 겪어보면 달라질 거야'

그리고 말했습니다.
"지금은 그렇게 보여도 결국은 똑같아져. 조직이란 게 다 그런 거야."
그 말에 후배는 아무 말 없이 고개를 끄덕였지만 그 뒤로는 저에게 어떤 제안도 질문도 하지 않았습니다. 그 조용한 변화를 한참 뒤에야 알아챘습니다. 저는 제가 더 알고 있다고 생각했지만 사실은 그의 시선을 이해할 준비조차 되어 있지 않았던 겁니다.

『논어(論語)』「자한편(子罕篇)」에는 공자가 제자 자로(子路)에게 한 말이 나옵니다.

> **後生可畏, 焉知來者之不如今也.**
> 후생가외　　　　언지래자지불여금야
>
> 후배는 두려워할 만하다. 어찌 내일의 그가 오늘의 나보다 못하다고 말할 수 있겠는가.

공자는 이렇게 말했습니다. '지금은 어려 보여도, 그 사람 안에 담긴 가능성과 내일은 누구도 함부로 가늠할 수 없다'고. 저는 저보다 어린 사람에게서 배우려고 하지 않았고, 스스로 배운 것을 전수한다는 자만에 빠져 그 사람의 말과 삶을 가볍게 여겼습니다. 하지만 돌이켜 보면 후배의 말 중에는 내가 미처 보지 못한 새로운 관점이 있었고, 내가 잊고 있던 이상과 순수함이 있었으며, 어쩌면 내가 다시 돌아가고 싶은 초심의 빛이 담겨 있었는지도 모르겠습니다.

미안하다.
너는 나에게 진심으로 말하고 있었는데
나는 너의 나이를 먼저 보고,

너의 경험을 따지며
그 말의 깊이와 가치를 스스로 낮춰버렸어.
사람을 나이로 판단하는 순간,
그 관계는 이미 평등하지 않았고
나는 듣는 사람이 아니라
평가하는 사람이 되어 있었지.
이제는 바꿔보고 싶어.
나이가 더 많다는 건
더 나은 사람이 된다는 뜻이 아니라
더 많이 들어주고, 더 깊이 공감할 수 있어야 한다는
뜻임을 잊지 않겠다고.
너의 말이 짧아도
그 안에 담긴 마음은 깊을 수 있다는 걸
이제는 진심으로 인정할게.
앞으로 나는 '어리다'는 말로
어떤 사람의 가능성을 가두지 않을 거야.
그 사람이 어떤 삶을 살고 싶어 하는지,
어떤 말을 하고 있는지를 먼저 듣는 사람이 될게.
그때 네 말을 듣지 못해서, 정말 미안했다.

나이는 숫자일 뿐 생각의 깊이와 가능성은 그보다 훨씬 더 복잡하고 다층적입니다. 나이가 어리다고 해서 가볍게 여기거나 경험이 적다고 평가절하하는 것은 큰 실수입니다. 어른으로서, 선배로서 가장 중요한 역할은 후배의 가능성을 믿고 지지해 주는 것입니다. 그들의 목소리에 진정으로 귀 기울이고 그들이 가진 잠재력을 발견할 수 있도록 돕는 것, 그것이 진정한 어른의 태도가 아닐까요?

# 4. 잘못을 봐도 모른척했어요

학기 초, 한 후배 교사가 수업 중 학생의 질문에 잘못된 설명을 했다는 이야기를 들었습니다. 신규 교사라 많이 긴장했던 모양입니다. 수업 시간 내내 혼란스러워했고 수업이 끝난 뒤에도 몇몇 학생들이 고개를 갸웃거리며 질문을 이어갔다는 이야기가 조용히 퍼졌습니다. 선배 교사들 사이에서도 그 얘기는 오갔습니다. 하지만 누구도 직접 그 후배에게 말하지 않았습니다.

"그 선생님도 처음이라 그럴 수 있지."
"굳이 그걸 꼬집어서 말하면 괜히 사이만 어색해지잖아."
"신경 쓰지 말자. 다들 그렇게 배우면서 성장하는 거니까."

이런 말들이 오갈 때 저 역시 굳이 나설 필요가 없다고 생각했습니다. 후배의 실수를 지적하는 것이 오히려 더 부담될까 염려했고, 저 역시 후배 시절 같은 실수를 저지른 적이 있기 때문입니다. 하지만 그때 제가 생각하지 못한 것은 그 후배가 잘못된 방향으로 수업을 이어갈 수 있다는 점이었습니다. 아무도 말해주지 않으면 스스로 문제를 깨닫기 어려울 수 있고 그로 인해 학생들이 혼란을 겪을 수도 있다는 사실을 간과했습니다.

'괜히 문제 삼았다가 분위기만 나빠져. 굳이 내가 나설 일은 아니지'
당시 우리는 모두 '편안함'과 '침묵'을 선택했습니다. 침묵이 배려라고 생각했고 그 침묵이 조직을 위한 거라 스스로를 위로했지만, 조용함은 무사함으로 착각되며 결국 무책임함의 또 다른 이름이 되었습니다. 지금 돌이켜 보면 그것은 나 자신을 보호하려는 선택이었습니다.

『맹자(孟子)』「진심편(盡心篇)」에 이런 말이 있습니다.

**恥之於人大矣.**
치지어인대의

부끄러움은 사람에게 있어 매우 중요한 덕목이다.

맹자는 '부끄러움'을 도덕적 감수성의 출발점이라 말했습니다. "후배가 물었을 때 아무 말도 할 수 없었다."고 고백하며 저 자신의 무책임함을 부끄러움과 책임감으로 되돌아봅니다. 이는 맹자가 강조한 반성의 태도와 깊이 맞닿아 있으며 진심 어린 자기성찰의 모습이 잘 드러납니다. 얼마 후, 그 후배가 나에게 조용히 다가와 물었습니다.
"선배님, 혹시 제가 수업에서 실수한 부분 알고 계셨나요? 혹시 그런 얘기 들으셨나요?"
그 순간 나는 아무 대답도 할 수 없었습니다. 사실을 알고 있었지만 침묵했던 나 자신이 부끄러워 아무 말도 할 수 없었습니다. 그 후배는 더 이상 어떤 일에도 적극적으로 의견을 내지 않았고, 나는 그런 모습을 지켜보며 또 한 사람의 침묵하는 교사를 만들어 버린 셈이었습니다.

이런 상황이 반복되면 결국 학교 전체가 무기력해집니다. 작은 침묵들이 쌓여 큰 책임 회피로 이어지고 그 결과는 돌이킬 수 없는 손실로 나타납니다. 옳지 않은 것을 보고도 입을 닫는 어른이 얼마나 큰 손실을 만들어 내는지 그 후배의 침묵을 통해 깨닫게 되었습니다. 그 이후로 자주 생각했습니다. 어른이란 건 때론 불편한 진실을 마주할 용기가 필요하다는 걸. 불편함을 피하지 않고 진심으로 말하는 것이 때로는 필요하다는 걸 말입니다. 잘못을 피해 가는 사람이 아니라 잘못 앞에서 가장 먼저 멈춰 서는 사람이어야 한다는 걸 진심으로 배웁니다.

너 그리고 그 자리에 있었던 나 자신에게.
정말 미안하다.
나는 불편함을 피했고,
너의 눈빛보다 내 자리를 우선했고,
올바름보다 평온함을 택했어.
이제는 알고 있어.
정의는 거창한 말이 아니라
눈앞의 잘못을 직시할 수 있는 용기에서 시작된다는 것.
더 이상 "그럴 수도 있지"라는 말로
무책임을 포장하지 않을게.
불편해도 말해야 할 때가 있고,
침묵보다 말하는 것이 상처를 치유할 수 있다는 걸
잊지 않을게.

## 5. 지켜야 할 것을 지키지 못했어요

학교장이 모든 교직원 앞에서 이렇게 말했습니다.
"우리는 학생들에게 모범을 보여야 합니다. 우리의 말과 행동이 바로 그들에게 영향을 미칩니다. 교사는 항상 바른길을 제시하는 존재여야 합니다."
그 말을 들으며 학생을 우선으로 본분을 다하는 교사로서 학교장의 모습에 저도 고개를 끄덕였습니다.
'맞아, 선배란 저런 생각과 행동을 가져야지. 기준을 세우고, 모범을 보이는 사람이어야 해'

그런데 아이러니하게도 그 말이 무색해지는 순간을 저는 여러 번 목격했습니다. 공격적인 성향의 교사들에게는 상대적으로 쉽고 적은 분량의 일이 주어지고, 순종적인 교사들에게는 불편하고 어려운 일을 책임지게 하는 약강강약(弱強強弱)의 모습이 그것이었습니다. 한번은 개성이 강한 어느 교사가 학생들에게 부적절한 발언을 한 사건이 있었습니다. 교무회의에서 이 문제가 슬쩍 언급되었지만 교장은 괜히 긁어 부스럼을 만들까 봐 대수롭지 않은 듯 아무 말 없이 회의를 서둘러 마무리했습니다. 눈치 빠른 교사들은 곧바로 분위기를 읽고 그 사건을 더 이상 거론하지 않았습니다. 모두가 알고 있었지만 누구도 입을 열지 않았습니다.

'괜히 나섰다가 불이익을 당할지도 몰라'
'조직 안에서 괜히 분위기 흐리는 사람이 되고 싶지 않아'
이런 생각들이 스쳐 갔고 저도 모르게 시선을 돌렸습니다. 말로는 후배들에게 항상 바른길을 가르쳐야 한다고 말했지만 정작 행동으로는 그 기준을 지키지 않았던 것입니다. 제가 어떤 장면에서 침묵했고 어떤 불합리 앞에서 고개를 돌렸는지를 말없이 지켜본 것입니다. 저는 "지켜야 한다."고 말했지만 막상 그걸 실천해야 할 순간에는 뒤로 물러서고 말았습니다. 눈앞에서 부당한 말이 오가도, 누군가 억울함을 겪고 있어도, '지금은 아니야', '괜히 나섰다가 손해 볼 수도 있어'라는 말로 스스로를 합리화하며 물러섰습니다.

『논어(論語)』「이인편(里人篇)」에는 이런 말이 있습니다.

**君子欲訥於言而敏於行.**
군자욕눌어언이민어행

군자는 말은 조심스럽게 하고, 행동은 민첩하게 하기를 원한다.

공자는 진정한 어른은 말을 앞세우기보다 행동으로 책임을 다해야 한다고 했습니다. 말보다 실천이 중요하다는 깨달음을 전달하기에 적절한 고전입니다. 너무도 당연한 말인데 정작 가장 쉽게 잊게 되는 진실이기도 하지요. 우리는 말보다 몸으로, 언어보다 행동으로 더 많은 것을 가르치고 더 깊게 각인시킵니다. 저는 말로는 옳음을 이야기했지만 몸으로는 옳음을 외면했고 후배들은 그 '모순'을 누구보다 빠르게 알아챘습니다. 내가 지키지 못한 것들—어떤 후배의 의견을 끝까지 들어주는 태도, 잘못된 말 앞에서 단 한 마디라도 정중히 반대하는 용기, 불합리한 결정에 질문을 던지는 자세—그 모든 것들은 내가 지켜야 했던 '기준'이자 후배들이 보고 배우고 싶어 했던 '태도'였습니다.

그날의 침묵은 단순한 실수가 아니었습니다. 후배들이 지켜보고 있었습니다. 저 역시 후배 시절, 선배들의 모습을 보며 자랐고 그들이 어떤 상황에서 어떤 선택을 했는지를 똑똑히 기억합니다. 하지만 이제는 제가 그 자리에 서 있었습니다. 내가 지켜야 할 것을 외면한 그 순간, 후배들에게는 더 큰 혼란과 실망을 안겨주었을 것입니다. 그날 회의에서 제가 보여주었어야 했던 건 완벽한 정의감도, 대단한 용기도 아닙니다. 그저 "그건 조금 문제가 있는 것 같아요."라는 한 줄의 말이었습니다. 하지만 저는 그 한마디조차 끝내 입 밖에 내지 못했습니다. 그래서 그 침묵은 단순한 방관이 아니라 누군가에게는 신뢰를 잃는 계기가 되었을지도 모릅니다.

점심을 먹고 교정을 거닐던 어느 날, 한 후배가 조용히 제 뒤를 따라 걸었습니다.
"선배님… 그 일에 대해 아무도 말하지 않으면 결국 학생들만 피해를 보는 거 아닌가요?"

그 질문 앞에서 저는 아무 말도 할 수 없었습니다. 저 역시 알고 있었으니까요. 그때 나는 스스로 기준을 지키지 못한 내 모습을 깨달았습니다. 입으로는 "학생을 먼저 생각하자."고 말했지만 행동으로는 그들을 외면한 셈이었습니다.

미안하다.
너에게 보여줘야 했던 건 말이 아니라 행동이었는데,
나는 말로만 원칙을 이야기했고
몸으로는 타협과 침묵을 선택했어.
그렇게 해서라도 편안함을 지키고 싶었던 나의 소심함이
결국 너에게는 '아무것도 지켜지지 않는 현실'로 보였을 거야.
앞으로는 말하지 않더라도,
묵묵히 행동으로 지키는 사람이 되고 싶다.

이제는 알고 있습니다. 말보다 중요한 것은 행동이라는 것을. 말은 순간이지만 행동은 흔적을 남기고 그 흔적이 후배들에게 더 깊게 새겨진다는 사실을. 불리하더라도 조금 불편하더라도 내가 지킨 그 하나가 누군가에게는 믿음이 될 수 있다는 걸 다시 확인했습니다. 선배는 완벽한 사람이 아니라 지켜야 할 기준 앞에서는 도망치지 않는 어른이어야 한다는 것. 그 기준에 부끄럽지 않도록 이제라도 한 걸음씩 바르게 서야겠습니다.

## 6. 무례하게 굴었어요

"그건 내가 네 나이 때 다 해본 거야."
"그렇게 하는 건 아니지."
"말하는 태도가 왜 그래?"

저는 이 말들을 충고라고 생각했습니다. 내가 해본 실수이기에 더 나은 방향을 알려주고 싶은 마음이었습니다. 하지만 지금 돌이켜 보면 빠진 것이 있었습니다. 바로 '관계의 거리'에 대한 감각 그리고 '들어야 할 마음'에 대한 배려였습니다. 저는 제 말이 도움이 되길 바랐지만 사실은 이 말들이 저와의 사이에서 벽이 되었다는 걸 몰랐습니다. 말을 앞세웠고, 시선은 무거웠으며, 말투와 표정에는 배려 없이 권위가 묻어 있었습니다. 그건 충고가 아니라 '경험을 앞세운 지시'에 가까웠습니다.

후배는 내가 말을 꺼내기 전부터 자신의 부족함을 알고 있었을 겁니다. 그럼에도 조심스럽게 도움을 구했고 실수를 인정했습니다. 그 마음은 분명 용기가 필요했을 겁니다. 그런데 저는 그 마음을 읽지 않고 오히려 그 위에 더 큰 목소리와 무거운 말을 얹어버렸습니다. 결국 후배는 "죄송합니다."라는 말만 반복했을 뿐, 굳은 표정으로 더 이상 대화를 이어가지 않았습니다. 저는 '잘 알려줬다'고 스스로를 변명했지만 사실 그날 저는 한 사람의 자존감과 신뢰를 깎아내리는 말투로 그를 외롭게 만들고 있었을지도 모릅니다.

『대학(大學)』경 제1장에는 이런 말이 있습니다.

> **欲修其身者, 先正其心 ; 欲正其心者, 先誠其意**
> 욕수기신자    선정기심      욕정기심자    선성기의
>
> 몸을 닦고자 하는 자는 먼저 그 마음을 바르게 해야 하고, 마음을 바르게 하려면 먼저 그 뜻을 진실하게 해야 한다.

이 말은 결국 말보다 먼저 바르게 해야 할 것은 마음이며 그 마음은 오직 진실된 뜻 위에 세워져야 한다는 가르침입니다. 진심이 있었다고 말하기 전에, 그 진심이 다다를 준비가 된 마음이었는지를 먼저 돌아봐야 했습니다. '예(禮)'는 단지 격식이나 형식이 아니라 상대에 대한 존중의 마음 그리고 스스로를 절제하는 품격입니다. 그런데 저는 그 존중을 너무 쉽게 잊었습니다. 친절하다고 생각했지만 그 친절엔 여백이 없었고, 배려한다고 믿었지만 그 배려엔 '듣는 시간'이 없었습니다. 저는 경험을 바탕으로 충고를 던졌지만 그 충고는 상대의 상황과 감정을 배려하지 않은 채 던진 일방적인 조언에 불과했습니다. 후배가 저를 '불편한 선배'로 느꼈던 이유는 말의 내용 때문이 아니라 말하는 방식과 말하는 나의 태도 때문이었다는 걸 이제야 깊이 깨닫습니다.

말이란 건 참 묘합니다. 같은 내용이라도 어떻게 말하느냐, 어떤 마음으로 전하느냐에 따라 상대의 마음을 위로할 수도 있고 찌를 수도 있습니다. 저는 가르치려 했지만 실은 저의 경험을 과시하고 있었는지도 모릅니다. '내가 다 겪어봤다'는 말 뒤에 숨은 건 공감도 이해도 아닌 우위에서의 판단이었습니다.

내가 던진 말보다
그 말이 나온 '눈빛'과 '목소리'가
더 큰 상처가 되었을지도 몰라.
조언이라는 이름으로
너의 자리를 좁히고, 숨을 막게 한 건 아니었을까.
이제는 달라지고 싶어.
'어른다움'은 말의 수가 아니라
말을 건네기 전의 침묵과
말을 건넨 뒤의 기다림 속에 담겨 있다는 것,
그걸 배우고 실천하는 선배가 되고 싶어.
무례한 말보다 조용한 공감,
위에서 내려다보는 눈보다
옆에서 함께 바라보는 눈으로
너를 마주하는 사람이 될게.
그때 내 무례한 말과 태도에 상처받았을 너에게,
진심으로 사과한다.

저는 늘 '진심이었다'고 말했지만 그 진심이 상대에게는 강요로, 불편함으로, 부담감으로 다가갔다면 그건 결국 저의 방식이 문제일 겁니다. 언젠가 후배 하나가 회식 자리에서 술기운에 말했습니다.
"선배는 좋은 분이세요. 근데… 말씀이 좀 무거워요."
그 말을 농담처럼 들었지만 지금 생각해 보면 그 말엔 많은 감정이 담겨 있었던 것 같습니다. 선배의 말이 사려 깊기보단 피곤했다는 뜻. 저는 듣는 이의 입장을 고려하지 않은 채 늘 '정답을 주는 사람'으로 군림하려 했던 건 아닐까 싶었습니다.

말은 정답이 아니라 방향이어야 한다는 것. 정답을 내려주는 말은 누군가의 가능성을 닫게 만들지만 방향을 함께 고민하는 말은 그 사람의 가능성을 열어준다는 것을 생각합니다. 앞으로는 조언보다 경청을, 지적보다 이해를, 이름보다 '사람'을 먼저 생각하는 그런 어른이 되겠다고. 그게 진짜 어른다움의 시작이라 믿고 배워가렵니다.

# 7. 친절이 어색했어요

"이건 그렇게 하는 게 아니라고 했잖아."
"이 정도는 스스로 좀 챙겨야지."
"자꾸 이런 거 물어보면 곤란해."

저는 무례해지려던 건 아니었습니다. 정확하게 알려주려 했고 일의 흐름을 놓치지 않으려 했고 내 기준에 후배가 맞춰주길 바랐습니다. 하지만 시간이 지나고 돌아보니 그 말들엔 다정함이 없었습니다. 어떤 후배는 말없이 뒷걸음쳤고 어떤 후배는 질문을 멈췄고 어떤 후배는 나를 멀리하기 시작했습니다. 그때마다 저는 말했습니다.

"예민하네."
"별말도 아닌데 왜 이렇게 상처받지?"
"일할 땐 좀 냉정해야지."

그러면서도 저는 몰랐습니다. 친절은 말의 내용이 아니라 그 말을 감싸고 있는 온도라는 걸. 내 말이 아무리 옳아도 그 말을 감싸는 표정, 목소리, 눈빛이 따뜻하지 않다면 그 말은 그냥 '지적'으로 들릴 수밖에 없다는 걸요. 후배는 실수했을지 몰라도 그 실수 앞에 조금 더 부드럽게 말할 수 있는 여지는 충분히 있었는데 저는 그 여유를 '효율'과 '정확성'이라는 이름으로 지워버렸습니다.

『맹자(孟子)』「이루편(離婁篇)」에는 이런 말이 있습니다.

**愛人者人恒愛之, 敬人者人恒敬之.**
애인자인항애지　　경인자인항경지

사람을 사랑하는 자는 사람도 그를 사랑하고, 사람을 존중하는 자는 사람도 그를 존중한다.

이 말처럼 관계는 결국 내가 먼저 어떻게 대하느냐에 따라 되돌아온다는 이치를 알면서도 왜 잘되지 않았을까요. 점심시간에 후배 교사가 조심스럽게 물었습니다.
"선생님, 이 부분은 이렇게 처리해도 될까요?"
"아니, 그렇게 하면 안 돼요. 그런데 아직 이런 간단한 것도 모르면 안 되는데."
순간 후배 교사의 얼굴이 굳어지는 것을 보고서야 제가 또다시 같은 실수를 반복하고 있다는 걸 깨달았습니다. 말의 내용은 옳았을지 몰라도 그 말을 전하는 저의 태도는 옳지 않았습니다. 저는 '틀렸다'는 사실만 강조했고 그 상황에서 후배가 느낄 민망함과 위축감은 배려하지 못했습니다. 조용히 고개를 끄덕이고는 말없이 자리를 떠났던 후배의 그 짧은 장면이 하루 종일 제 머릿속에서 떠나지 않았습니다.

그날의 짧은 대화가 제게 많은 것을 깨닫게 해주었습니다. 저는 정답을 말하는 것에만 집중했고 정작 그 정답을 전하는 방식에 대해서는 신경 쓰지 않았습니다. 후배는 단순히 지적받는 것이 아니라 존중받고 싶었던 것이었습니다. 진정한 친절은 단순히 정확한 정보를 주는 것이 아니라 상대의 마음을 헤아리고 존중하는 태도에서 비롯됩니다.

친절은 약함이 아닙니다. 오히려 관계를 오래 지속시킬 수 있는 유일한 힘이고 사람 사이를 건강하게 묶어주는 실천입니다. 저는 일을 하면서 '정확함'은 말했지만 '다정함'은 가르치지 않았고 나의 표정과 말투 속에서 친절함보다 피로함이 먼저 읽혔다는 것이 지금 가장 미안한 일입니다.

> 네가 처음으로 나에게 말을 걸었을 때,
> 내가 조금만 더 웃으며 답했더라면
> 우린 지금 더 가까이 있을 수 있었겠지.
> 이제는 생각해.
> 내가 전하는 모든 말에
> 작은 온기를 담을 수 있는 어른이 되고 싶다고.
> 차갑게 정리하지 않고,
> 날카롭게 지적하지 않고,
> 일을 넘기듯 말하지 않고,
> 네가 사람으로 존중받고 있다고 느낄 수 있도록
> 말하고 싶어.

선배란 무엇을 더 잘 아는 사람이 아니라 먼저 따뜻해지는 사람이 되어야 한다는 것을 이제는 정말 마음 깊이 알겠습니다. 이제부터는 내 말투와 눈빛 안에 '같이 일하고 싶은 사람'이라는 따뜻함이 느껴질 수 있도록 한 걸음씩 바꿔가겠습니다.

# 8. 책임을 회피했어요

"이건 왜 이렇게 된 거야?"
"누가 확인 안 한 거야?"
"담임이 누구였어?"

새 학기, 교육청 장학 점검이 예고된 날 체험학습 관련 서류 검토 중, 한 학생의 체험학습 일수가 하루 초과했다는 지적이 나왔습니다. 그 기록은 제가 담임을 맡았던 지난해 학급의 일이었습니다. 해당 체험학습은 외국에서 일하고 계신 학부모와 방학을 보내기 위해 신청한 것이었고 초과 가능성에 대해 당시 학년 부장에게 상의한 뒤 교감 선생님에게 최종적으로 확인한 내용이었습니다. 방학이 시작된 바쁜 와중에 교육청과 통화를 하지 못했던 제게 학년 부장과 교감 선생님은 이렇게 말했습니다.
"상황이 상황이니 내가 승인하고 책임질게. 걱정 마."

그러나 1년이 지난 점검의 자리에서 교감 선생님은 이렇게 말했습니다.
"누가 그런 막말을 했어? 내가 그런 실수를 할 사람으로 보여? 어떻게 책임질 거냐고? 담임이 판단한 거니까 어떻게든 담임이 책임져."
그 순간 교무실 선생님들의 시선이 내게 쏠렸고 저는 말문이 막혔습니다. 명확히 기억하고 있었습니다. 그날, 제가 "괜찮겠습니까?"라고 묻자 교감 선생님은 "네가 판단해서 올려, 책임은 내가 질게."라고 했던 그 표정을. 하지만 그 말은 서류에 남지 않았고 내 해명은 기록보다 가벼운 말로 들렸습니다. 게다가 당시 학년 부장이었던 선생님을 쳐다봤을 때 고개를 돌리던 모습은 정말 분하고 억울했습니다.

『중용(中庸)』 제20장에는 이런 구절이 있습니다.

> **誠者, 天之道也 ; 誠之者, 人之道也.**
> 성자    천지도야      성지자     인지도야
>
> 성실함은 하늘의 도리이고, 성실하려고 애쓰는 것은 사람의 도리이다.

성실함은 단지 일을 맡아 열심히 처리하는 것만이 아닙니다. 책임을 말했던 사람이라면 그 책임이 무거워졌을 때도 외면하지 않는 태도, 그것이 바로 인간의 도리라는 말입니다. 그런데 책임을 말하던 어른은 막상 책임이 불리해지자 말하지 않았다고, 기억나지 않는다고, 서류에 없었다고 손을 털며 등을 돌렸습니다.

그해 담임으로서 저는 실무적 책임을 질 수밖에 없었습니다. 하지만 더 무거웠던 건 관계의 무너짐이었습니다. 저는 후배였고 그날 이후 어떤 가벼운 행정 사항도 상의 없이 처리하지 않으려 애썼습니다. '말은 믿을 수 없고, 반드시 문서로 남겨야 한다'는 불신이 생겼습니다. 저는 선배 교사의 보호 아래에서 교사로서 성장하고 있다고 믿었지만 그 순간

나는 방치된 기분이 들었습니다. 함께 판단하고 결정했던 일이었지만, 결과 앞에서는 '너 혼자 한 거잖아'라는 말 한마디로 고립되었습니다. 그 선배는 더 많이 알고 있었고 더 높은 위치에 있었습니다. 그만큼 말의 무게도 무거웠습니다. 그런데 그 무게는 책임이 아니라 권위로만 남았고 결과 앞에선 너무 가볍게 사라졌습니다.

이제는 알겠습니다. 진짜 책임이란 일의 전후를 모두 설명하고 나만의 안위를 따지는 것이 아니라 함께 일한 사람을 끝까지 지키는 일이라는 것을요. 그리고 선배란 조직에서 먼저 배운 사람이 아니라 위기 앞에서 먼저 나서는 사람이어야 한다는 것을요. 그러면서 지난날 저의 모습을 생각해 봤습니다. 더 많은 연차를 가졌고 더 많은 권한을 가졌으면서도 실패 앞에서는 그 누구보다 가볍게 빠져나오려 하지는 않았는지. 위기의 순간에 뒤에 숨어버리지는 않았는지 말입니다.

저의 회피가 후배들에게 '두려움과 불신'을 남기지 않도록 삶으로 배워가야겠습니다. 막상 중요한 순간에 그 책임에서 도망치고 누군가에게 피해가 돌아가는 모습을 보면서도 그저 조용히 침묵을 택한 비겁한 어른이었다면 반성하겠습니다.

> 지난날, 부당한 일을 당해 속상할 때
> 네 편에 설 수 없는데,
> 불이익이 두려워 한걸음 물러섰다면
> 그 책임은 분명 나도 나눠야 했는데,

침묵했고, 그 침묵은 너를 홀로 내몰게 하였다면
이제는 안다.
선배란, 경험을 내세우는 사람이 아니라
그 경험만큼 먼저 책임지는 사람이어야 한다는 것.
앞으로는 어떤 일이든
함께 결정했다면 끝까지 함께 책임지는 선배가 될게.
말의 무게를 행동으로 증명하고,
상황이 바뀌어도 기억을 외면하지 않는 사람,
그게 진짜 '어른'이라는 걸 보여줄게.

# 9. 함께하는 걸 귀찮아했어요

"선배, 요즘 팀 분위기 안 좋은 거 아시죠?"
"누구는 일 떠안고, 누구는 빠지고… 솔직히 불공평해요."
한 후배가 조심스럽게 말을 꺼냈습니다.
나는 들은 척, 못 들은 척 웃으며 말했습니다.
"그래도 다들 각자 사정이 있잖아. 너무 그렇게 민감하게 받아들이지 말자."

그 말을 하고 나니 편했습니다. 문제를 피했으니까요. 불편한 말에 정면으로 맞서지 않아도 되었으니까요. 그런데 며칠 뒤 또 다른 후배가 말했습니다.
"선배는 중간에서 정리해 주실 줄 알았는데요… 그냥 넘어가시는 거 보고 좀 실망했어요."

그때 알았습니다. 저는 그저 '중립'이라는 이름 아래 아무것도 하지 않았고, 그 무책임함이 누군가에게는 방치처럼 느껴졌다는 걸. 저는 후배들에게 "서로 돕자", "혼자 하지 말고 나누자", "협력은 팀워크의 기본이야"라는 말을 참 많이 했습니다. 하지만 막상 누군가가 벽에 부딪히고 누군가가 그 벽에 의지하려 할 때, 저는 가장 먼저 시선을 피했던 사람이었던 같습니다.

『도덕경(道德經)』 제66장에는 이런 말이 나옵니다.

> 江海所以能爲百谷王者, 以其善下之, 故能爲百谷王.
> 강해소이능위백곡왕자      이기선하지      고능위백곡왕
>
> 강과 바다가 모든 골짜기의 왕이 될 수 있는 이유는 스스로 낮은 자리에 있기 때문이다.

진정한 리더는 앞에서 끌고 가는 사람이 아니라 아랫물처럼 낮은 곳에 머물며 흐름을 하나로 모아주는 사람이라는 뜻입니다. 저는 그 흐름을 잇는 사람이 되지 못했습니다. 누군가 억울하다고 말할 때, 누군가 무겁다고 말할 때, 내가 할 일은 조율이고 배분이었는데 저는 침묵과 회피를 선택했습니다.

작년, 학년 말 평가 업무를 둘러싼 일이 생각납니다. 학년부 선생님들 모두가 바쁜 와중에 특정 선생님 한 분에게 성과 정리, 학생 수상 기록, 발표자료 제작까지 집중되었고 몇몇은 자신의 반 학생 자료조차 정리하지 않은 채 다른 업무를 이유로 빠졌습니다. 그 상황을 보고도 저는 "일단 급한 건 ○○ 선생님이 잘하시니까 맡기는 거로 하고 다들 조금씩 도와주면 되겠지."라고만 했습니다. 결국, 도와주는 사람은 거의 없었고 그 선생님은 밤늦게까지 홀로 교무실에 남아 일했습니다. 그날 그 선생님의 뒷모습을 보고도 저는 '고맙다'는 말 한마디 외엔 아무것

도 하지 않았습니다. 팀워크란 함께할 때 생기는 게 아니라 함께하지 않아도 누군가 지켜보고 있다는 믿음에서 시작되는 건데 그 믿음을 나는 지켜주지 못했습니다.

> 후배야, 미안하다.
> 너는 나를 믿고 이야기했는데
> 나는 그 목소리를 듣기만 했고
> 실제로는 아무 변화도 만들지 않았어.
> 네가 더 많은 걸 감당하고 있었을 때
> 나는 '네가 잘하니까'라는 말로
> 자신을 스스로 합리화했고
> 그게 결국 너를 지치게 했을지도 모르겠어.
> 이제는 바꿔볼게.
> 불편해도 먼저 말하고,
> 어긋난 균형이 보이면
> 작은 일부터라도 다시 나누는 사람이 될게.

선배란, 모두를 통제하는 존재가 아니라 구성원들이 지치지 않도록 세심하게 살피는 사람이 되어야 합니다. 협력과 화합은 단지 말로 이루어지는 것이 아니며 그것은 한 걸음 늦춰 걷는 태도, 불필요한 말을 아끼는 지혜, 그리고 한 사람을 더 바라보는 따뜻한 시선에서 시작됩니다. 그동안 저는 동료들이 지쳐가는 모습을 바라만 보고 있었던 것 같아요. 힘든 이야기가 들려올 때 외면하지 않고, 억울함을 말할 때는 그 자리에 함께 머물며 공감하며, 불공평한 상황이 보일 때는 '괜찮다'는 말로 덮지 않고 함께 해결 방법을 고민하는 사람이 되겠습니다. 선배로서 먼저 낮은 자리에 머무는 태도로 그것이 진정으로 흐름을 모으는 리더의 자리라면, 기꺼이 그 역할을 감당할 수 있도록 하겠습니다.

## 10. 옳음보다 편함을 택했어요

"이건 좀 아닌 것 같아요."
"왜 아무도 말하지 않죠?"
"잘못된 거라고 말할 수 있는 사람, 없나요?"

회의실 안이 조용해졌습니다. 젊은 선생님의 용기 있는 목소리가 정적을 가르며 울렸습니다. 그날 회의는 교사 평가 항목을 조정하는 자리였습니다. 하지만 실제로는 이미 큰 줄기가 정해진 상황이었고 부서별 업무 강도, 비교과 교사들의 수고는 반영되지 않은 채 행정과 기록 중심의 기준만이 강조된 안건이 올라왔습니다. 특히 교장의 입김에 의해 정해진 방향은 쉽게 바꾸기 어려웠습니다. 저도 알고 있었습니다. 그 기준이 공정하지 않다는걸. 누구보다 오래 회의에 참여해 온 선배 교사로서 그 구조가 누구에게 유리하고 누구에게 불리한지를 뻔히 알고 있었습니다. 하지만 저는 말하지 않았습니다. 그저 조용히 고개를 끄덕였고, '이번엔 일단 넘어가자'는 분위기에 몸을 실었습니다.

학년 말, 또 다른 상황이 겹쳤습니다. 다음 연도 업무와 담임 배정에 관한 의견 나눔이 있을 때였습니다. 일반적으로는 다양한 업무를 순환과 균형을 기준으로 나누는 것이 맞지만 특정 교사에게 일이 몰리는 현상이 있었고 반면에 그렇지 않은 교사들도 있었습니다. 목소리 크고 불만을 표출할수록 개인 요구 사항을 더 잘 들어주고, 그저 묵묵히 자신의 일을 성실히 수행하는 사람은 아무 불만과 어려움이 없는 것처럼 받아들이는 이상한 논리가 펼쳐졌습니다.

"저 선생님한테 일을 맡기면 누구 고생시키려고!"

그러면서 이런 말로 공감을 강요합니다.

"원래 잘하시잖아요."

"올해도 좀 부탁드릴게요."

이 말들이 너무나 자연스럽게 흘렀고 그 순간마다 저는 알았습니다. 이건 분명히 잘못된 일이라는걸. 하지만 또다시 침묵했습니다.

"괜히 나섰다가 불편해지면 어쩌지."

"내가 괜히 분위기 흐리는 사람처럼 보이면 어떡하지."

그 두려움에 대부분 한발 물러섰습니다.

『맹자(孟子)』「공손추편(公孫丑篇)」에서는 이렇게 말합니다.

**我善養吾浩然之氣.**
아선양오호연지기

나는 나의 호연지기를 잘 길러간다.

맹자가 말한 '浩然之氣(호연지기)'는 하늘과 사람 사이의 정의와 의로움을 실천할 수 있는 도덕적 용기입니다. 진정한 어른이라면 잘못된 일에 대해서는 어떻게 하는 것이 좋을까요? 이런 일들에 저는 용기를 내지 못했습니다. 그리고 그 침묵은 자연스럽게 후배들에게 이런 메시지를 남겼습니다.

"알아도 말하지 마라."

"말하면 너만 손해다."

"참는 게 이기는 거다."

결국 정의를 말하던 사람들은 외쳐도 소용없다는 생각에 점점 침묵하게 됩니다. 조직은 조용해지겠지만 그 조용함 속에 구성원들은 옳은 방향을 잃어버립니다. 불공정을 외면하는 침묵은 결국 조직의 신뢰와 자발성을 갉아먹고 있었던 것입니다.

'옳지 않다고 여기는 상황에서 만일 내가 한마디라도 던졌다면 달라졌을까? 아니, 달라지지 않더라도 적어도 잘못된 것이라고 말하는 사람이 있다면 반대의 손은 들지 않아야 하는데. 게다가 그 사람이 후배라면 더욱 혼자 외롭게 서 있게 하지 않아야 할 텐데'

미안하다.
너는 용기 냈는데,
나는 너의 등을 떠밀어주지 못했어.
네 옆에 조용히 서 있지도 못하고
가장 안전한 자리에서 너의 용기를 지켜보기만 했지.
이제는 알겠다.
정의는 누가 더 똑똑하느냐의 문제가 아니라

누가 먼저 불편함을 감수하느냐의 문제라는 걸.
앞으로는 관계가 불편해지더라도,
눈치가 보이더라도,
'이건 아니다' 싶은 순간엔
내가 먼저 말할 수 있는 어른이 될게.

침묵이 미덕인 시대는 지났습니다. 우리가 지금 배워야 할 건 정의 앞에서 말하는 용기와 정의 곁에 서는 자세라는 걸 말입니다. 그때 혼자 외치게 해서 정말 미안했어요. 다음엔 함께 말하자고요. 그게 우리가 진짜 어른으로서 서 있어야 할 자리라고 지금은 믿습니다.

## 11. 나는 멈춰 있었습니다

"그건 원래 이렇게 해왔어."
"굳이 바꿀 필요 없어. 괜히 힘만 들지."
저는 그렇게 말했습니다.

새로운 방식을 제안하는 후배에게,
트랜드를 반영한 자료를 보여주는 후배에게,
그저 웃으며 "좋은 시도야, 근데 아직은…"이라고 말했습니다.

하지만 솔직히 말하면 그 새로운 시도를 이해할 자신이 없었고 배워야 한다는 부담이 버겁게 느껴졌습니다. 그래서 익숙함을 고집했고 변화를 밀어냈습니다. 이런 저의 태도에 후배는 아이디어를 제시하지 않았고, 궁금한 것이 있을 것 같은데 물어보는 것보다 늘 '정해진 틀' 안에서만 이야기했습니다.

『장자(莊子)』 내편 「양생주(養生主)」에는 이런 구절이 있습니다.

> 吾生也有涯, 而知也无涯. 以有涯随无涯, 殆已
> 오생야유애   이지야무애   이유애수무애   태이
>
> 내 삶에는 끝이 있지만, 배움에는 끝이 없다. 유한한 삶으로 무한한 지식을 좇는다면 위태롭다.

지혜로운 사람은 죽을 때까지 배우고 진짜 큰 사람은 배움 앞에서 겸손하다는 뜻의 이야기입니다. 저는 후배에게 배움의 중요성을 말하면서도 정작 내 삶에서는 '배움을 포기한 태도'를 보였습니다. Excel이나 PowerPoint가 나왔을 때, Google Docs나 Dropbox와 같은 클라우드 기반 파일 공유 프로그램이 나왔을 때, Zoom이나 Google Meet 같은 화상회의 도구가 나왔을 때도 그랬습니다. "한번 같이 해보시겠어요?"라고 권하는 후배들의 권유에도 저는 "나는 아날로그가 편해서, 괜찮아."라는 말로 무심히 선을 그었습니다.

그 말은 사실
"나는 그걸 할 줄 몰라."
"지금 배우자니 너무 두렵다."는 고백이었지만 그 고백 대신 거절과 회피를 선택했습니다. 그 모습은 결국 후배에게
"언젠가는 나도 저렇게 멈추게 되겠지."
"변화를 말해도 안 통하는 시기가 오겠지."라는 마음을 심어줬는지도 모릅니다.
저는 더 이상 배울 게 없어서 멈춘 게 아니었습니다.

배우는 게 두렵고,

늦게 배운다는 게 자존심 상하고,

내 속도가 뒤처질까 봐 불안해서,

그래서 배우지 않았던 것뿐이었습니다.

하지만 그 선택은 내 성장의 멈춤에서 끝나는 것이 아니라 후배의 성장을 가로막는 결과로 이어졌습니다. 시간은 흐르고 시대는 계속 변합니다. 그리고 지난 세대를 뛰어넘어 세상은 더 급변하고 있습니다. '생성형 AI'가 인간의 삶 전반을 빠르게 바꾸고 있는 요즘, 따라가지 못하면 도태되고 도태되면 사라질지도 모른다는 불안을… 어쩌면 스스로 만들고 있는 건지도 모르겠습니다.

너는 변화를 말했고

나는 그 말을 막았지.

너는 새로운 시도를 보여줬고

나는 그 시도를 '부담'으로만 느꼈어.

하지만 이제는 바꾸고 싶다.

선배란 모두 알고 있는 사람이 아니라

함께 배우고, 함께 성장하는 사람이 되어야 한다는 걸

너를 통해 배우게 되었어. 앞으로는

"나는 원래 이렇게 해."라는 말보다

"너처럼 한번 해볼게."라는 말을 먼저 꺼내는 사람이 될게.

나이가 많다는 이유로 멈춰 있는 어른이 아니라

나이와 상관없이 계속 자라고 있는 어른이 되는 것,

그게 진짜 '좋은 선배'의 모습이라는 걸 알게 되었어.

내가 멈춘 그 시간 동안

너는 홀로 앞서가고 있었을 텐데…

지금이라도 따라갈게. 늦더라도, 배울게.

그리고 함께 걷자고 말할 수 있는 어른이 될게.

# 12. 옆에 있다고 화합이 아닙니다

"선배, 이건 제가 알아서 할게요."
"걱정 마세요. 혼자서도 할 수 있어요."
"괜히 번거롭게 하지 않을게요."

그 말들을 저는 참 고맙게 들었습니다. 후배가 자율적이고, 책임감 있고, 혼자서도 잘 해내는 사람이라고 생각했습니다. 하지만 지금 돌이켜 보면 그건 고마운 게 아니라 외로운 말이었습니다. 그 말들 뒤에는
'말해봤자 듣지 않잖아요'
'부탁하면 괜히 민폐 같아요'
'어차피 다 혼자 해결해야 하니까요'
라는 마음이 숨어 있었던 걸 나는 너무 늦게 깨달았습니다.

『논어(論語)』「자로편(子路篇)」에는 이런 말이 있습니다.

> **君子和而不同, 小人同而不和.**
> 군자화이부동  소인동이불화
>
> 군자는 서로의 생각을 조절하여 화합을 이루기는 하지만 같아지려 하지는 않고, 소인은 같아지려 하지만 서로의 생각을 조절하여 화합을 이루지는 못한다.

함께 있다는 건 모두가 똑같이 행동한다는 뜻이 아니라 서로 다름을 인정하고 존중하면서도 조화를 이루는 관계라는 걸 저는 잊고 있었습니다. 저는 함께 일하면서도 내 일, 네 일, 선배의 일, 후배의 일로 구분했고 진짜 '같이 있는 것'의 의미를 놓치고 있었던 겁니다.

지난번 근무했던 학교에서 있었던 일이 떠오릅니다.
학교 축제를 앞두고 몇 주 전부터 학년별 부스, 학생 공연, 학부모 안내까지 준비할 일이 산더미처럼 쌓여 있었습니다. 실무 대부분을 한 후배가 도맡아 하고 있었죠. 그 후배는 언제나 "잘하고 있어요!"라며 환하게 웃었고, 저는 그 모습만 보고 '잘하고 있겠구나' 하고 믿었습니다. 분주하게 이리저리 뛰어다니는 모습을 보며, 저 역시 축제에 대한 기대감이 커졌습니다. 그러던 어느 날, 저도 독서 프로그램을 운영하기 위해 늦은 시간까지 도서관에 남아 있었는데 아무도 없을 줄 알았던 교무실에서 인기척이 들렸습니다. 그 후배였습니다. 교무실 구석에서 조용히 울고 있는 모습에 놀랐습니다. 완전히 지쳐 있었고, 누구에게도 힘든 속마음을 털어놓지 못한 채 혼자 감당하고 있었던 것입니다. 그 순간, 지난 축제 준비 과정이 주마등처럼 스쳤습니다. 학교 관계자와 학생, 학부모들의 기대는 컸지만 실제 준비는 턱없이 부족한 인력 속에서 진행됐고, 밤을 새운 날도 많았습니다. 하지만 저를 가장 지치게 했던 건 따로 있었습니다. 애써 준비한 기획에 대해 "이건 이래서 안 돼", "그건 왜 저렇게 했어?", "그건 기본 아니야?"라며 사사건건 말을 덧붙이던 선배 교사들의 태도였습니다. 도움은커녕 비판만 쏟아지는 상황에서 분하고 억울한 마음만 가득했습니다. 그래도 어디 하나 풀지 못하고 꾹꾹 눌러가며 묵묵히 버티며 간신히 행사를 마쳤던 기억이 납니다. 사실 저는, 그 후배가 고생하는 걸 몰랐던 게 아니었습니다. 다만, 내가 굳이 나서지 않아도 괜찮을 거라고… 그렇게 믿고 싶었던 것뿐이었습니다.

그때 알았습니다. 진짜 함께 있는 사람은 필요할 때만 등장하는 사람이 아니라 평소에도 곁에 있다는 사실만으로도 마음이 놓이는 사람이어야 한다는걸. 그동안 저는 후배가 무거운 것을 혼자 들고 있을 때
"도와줄까?"라는 말보다 '괜찮겠지'라는 생각이 앞섰고,
어두운 표정을 하고 있을 때
"무슨 일 있어?"라는 관심보다 '설마 나랑 상관있는 건 아니겠지'라는 회피가 먼저였습니다.
그러면서도 저는 '같이 일하고 있다'고 믿었습니다.
그건 착각이었습니다.

>나는 네 옆에 있었지만
>네 곁에 있지는 않았어.
>너는 나와 함께 걷고 싶었을지도 모르는데
>나는 나 혼자 속도를 조절했고,
>너는 뒤에서 애쓰며 따라오다 지쳤을 수도 있어.
>이제는 알겠다.
>선배는 앞서가는 사람이 아니라
>함께 걷는 법을 아는 사람이라는 걸.

앞으로는 무언가를 알려주는 것보다
무언가를 같이 겪는 사람이 될게.
혼자 고생하지 않도록,
혼자 감당하지 않도록,
"나는 네 편이야"라는 말없이도
그런 기척으로 곁에 머무는 어른이 되고 싶어.
너를 혼자 남긴 듯한 그 모든 순간에
진심으로 사과할게.
앞으로는 같이 있다는 사실을
말이 아니라 행동으로 보여주는 어른이 되겠습니다.

# IV

# 어른답지 못했습니다

# 1. 사랑은 여전히 배워야 합니다

"사랑이 뭔지 아직은 모르겠어요."
친한 동생이 식사 자리에서 제게 건넨 말이었습니다.
"좋아하는 건 알겠는데, 그게 사랑인지 그냥 관심인지 모르겠어요. 사랑은 어떻게 해야 하나요?"
그 질문에 나는 한참을 망설였습니다.

'사랑은 소중한 거야'
'서로를 아끼고 배려하는 마음이지'
그런 말들을 준비했지만 막상 입을 떼려니 내가 과연 사랑을 제대로 보여준 적이 있었는지 스스로 확신이 들지 않았습니다.
자녀에게 "사랑한다."고 말했지만 때론 성적과 예절을 조건으로 삼았고, 아내에게 "사랑해."라고 말하면서 삶의 무게를 더욱 무겁게 했으며, 동료에게 "믿는다."고 말하면서도 조금의 실수에는 차가운 시선을 보냈습니다.
그건 사랑이 아니라 기대와 통제, 감정과 습관의 조합이었습니다.

『중용(中庸)』 제22장에는 이런 말이 나옵니다.

> 唯天下至誠, 爲能盡其性 ; 能盡其性, 則能盡人之性.
> 　유천하지성　　위능진기성　　　능진기성　　　　칙능진인지성
>
> 오직 지극히 진실한 사람만이 자기의 본성을 다할 수 있고, 그래야 타인의 본성도 다하게 할 수 있다.

사랑은 결국 진심에서 출발하고 그 진심은 자기를 속이지 않고 상대를 꾸미지 않으며 매일 아주 작은 행동으로 증명되는 것이라는 뜻입니다. 저는 사랑을 "해라."고 말은 했지만 어떻게 사랑해야 하는지를 보여주지는 못했습니다. 정말 사랑한다면 아픔을 나누어야 했고, 기다려야 했고, 상처 난 마음에 조용히 앉아 있어야 했는데, 저는 조바심을 냈고, 결과를 재촉했고, 기대에 못 미치면 실망부터 드러냈습니다. 그래서 누군가는 저의 사랑이 무겁고, 답답하고, 조건 많은 이름처럼 느껴졌을지도 모르겠습니다.

진심으로 사랑했다면 상대의 말 없는 마음도 귀 기울여야 했고, 혼자 견디는 시간에 곁을 내어야 했고, 서툰 표현을 탓하기보다 그 속에 담긴 용기를 읽어야 했습니다. 하지만 저는 일에 치여 무표정했고, 무심히 답을 줄이고, "그 정도는 혼자 감당해야지."라는 말을 자주 했습니다. 예전에 함께 일했던 후배 한 명이 생각납니다. 어느 날 그가 퇴사를 앞두고 말했습니다.

"저희 팀장님은 빠르고 정확한 판단으로 늘 옳은 말만 하셨어요. 그런데… 따뜻하다는 느낌은 한 번도 못 받았어요. 선배는 어떻게 생각하셨어요?"

그 말이 뼈아프게 다가왔습니다. 저 역시 무엇이든 일로만 생각했지, 그 과정에서 느끼는 감정의 연결고리는 안중에도 없었던 것 같아요. 그냥 그 후배가 잘하니까 묵묵히 버티니까 괜찮고 강한 줄 알았습니다. "괜찮아요."라는 말 뒤에 "누군가 나 좀 알아봐 주세요."라는 속내가 숨어 있다는 걸 그때는 몰랐습니다.

사랑은 말보다 온기입니다. "괜찮아."라는 한마디보다 옆에 앉아 함께 조용히 시간을 보내주는 그 순간이 더 깊은 사랑일 수 있습니다. 우리는 종종 사랑을 거창한 고백이나 영화 같은 이벤트로 착각하지만 사실 알고 보면 그렇게 크고 요란한 것이 아니라, 삶의 틈 사이에 스며드는 따뜻한 기적입니다. 사랑은 사람이 서로에게 보낼 수 있는 가장 인간적인 시선입니다. 그 시선에는 계산도 없고 의도도 없습니다. 그저 추운 날 먼저 손 내밀어 잡아주거나 피곤해 보이면 "밥은 먹었어?" 한마디 하는 것도 사랑입니다. 누군가를 챙기고 기억하고 다정한 말 하나 건네는 것, 사랑은 그렇게 눈에 띄지 않게 그러나 분명하게 사람과 사람 사이를 지탱하고 있습니다.

> 가족이든, 친구든, 연인이든,
> 사랑은 명사가 아니라 동사야.
> 그건 말보다 행동이고, 느낌보다 실천이야.
> 앞으로는 내가 먼저 보여줄게.
> "사랑해!"라고 말하는 대신
> "오늘 네 말 끝까지 들어줄게."라고 말하겠다고.

"넌 소중해."라고 말하는 대신
"내 시간 중 제일 좋은 시간을 너에게 내어줄게."라고
행동하겠다고.
어른은 사랑을 안다고 착각해.
하지만 진짜 어른은,
사랑 앞에서도 배워야 한다는 걸 아는 사람이야.
그러니 너를 위한 사랑이 아니라
너를 이해하는 사랑으로 다가갈게.
내 방식의 사랑이 아니라
너에게 필요한 방식의 사랑을 배워갈게.
그게 어른으로서 내가 먼저 지켜야 할 진심의 태도이고
내가 남길 수 있는 작은 존엄이라고 믿는다.

## 2. 이해하려 하지 않았어요

초등학교 5학년 아들이 학교에서 돌아오자마자 방문을 쾅 닫았습니다. "다녀왔습니다."라는 말은커녕 눈인사조차 없이 침대에 드러눕는 모습에 저는 평소보다 날카로운 목소리로 말을 던졌습니다.
"너, 요즘 왜 이렇게 예의가 없어졌어? 부모한테 인사도 안 하고 눈도 안 마주치고 말대꾸만 늘고, 왜 그러니?"
아들은 아무 대답 없이 고개를 돌렸습니다. 그 무반응이 오히려 더 화를 돋웠습니다. 저는 감정을 누르지 못하고 다시 쏟아붙였습니다.
"그 태도는 정말 버릇없는 거야. 그럴 거면 핸드폰도 다 치워."
그 일이 일어나고부터 아이는 말수가 줄고 제 눈치만 보는 듯, 집 안 분위기가 정말 어두워졌습니다.

다음 날 아내를 통해 들은 이야기에 저는 가슴이 철렁 내려앉았습니다. 그날, 학교에서 사소한 오해가 있었는데 아이가 누명을 쓰면서 친구와 크게 다투고 선생님께 꾸중까지 들은 뒤 기운이 쭉 빠진 채로 돌아온 날이었다고 했습니다. 아이는 저에게 말하고 싶었는데 제 내 표정이 너무 차갑고 단단하게 닫혀 있어서 아무 말도 꺼낼 수 없었다는 것이었습니다. 그날 밤 저는 조용히 아이의 방 앞에 섰습니다. 문을 열고 들어가 "미안하다."고 말하고 싶었지만 그저 문고리만 몇 번 만지작거리다 이내 돌아섰습니다. 왜 그토록 쉽게 판단했을까요?

아이의 무표정, 말 없는 반응, 짧은 대답들…
그 안에 무엇이 숨어 있는지 들여다보려 하기보다, 제 감정을 앞세운 채 '무례하다', '버릇없다'는 딱지를 먼저 붙였던 건 저였습니다. 그일 이후, 저는 아이뿐 아니라 제 주변의 다른 사람들도 떠올리게 되었습니다. 직장에서는 후배의 실수에 "왜 이런 것도 몰라?", "그건 기본이지." 같은 말들을 쉽게 던졌습니다. 어색한 표정이나 망설이는 말투에 귀를 기울이기보다는, '요즘 친구들은 책임감이 부족하다', '자기 할 말만 한다'고 단정 짓곤 했습니다. 나보다 나이가 적다는 이유만으로, 경력이 짧다는 이유만으로, 경험이 부족하다는 이유만으로 나는 너무 자주 이해보다 판단을 앞세웠던 겁니다.

『논어(論語)』「위령공편(衛靈公篇)」에는 이런 말씀이 있습니다.

> 子貢問曰：有一言而可以終身行之者乎?
> 자공문왈　　　유일언이가이종신행지자호
> 子曰：其恕乎! 己所不欲，勿施於人.
> 자왈　　기서호　기소불욕　　물시어인

자공이 묻기를 "한마디 말로 평생 실천할 만한 것이 있습니까?" 하니, 공자께서 말씀하시기를 "그것은 아마 '서(恕, 역지사지)'일 것이다. 자기가 원하지 않는 것은 남에게도 행하지 말라."

'서(恕)'는 결국 역지사지입니다. 내가 겪어본 감정이 있다면 그 감정을 남에게 함부로 대하지 말라는 뜻. 그토록 단순한 이 한 문장을 저는 실천하지 못하고 있었습니다. 나의 억울함은 끝까지 설명하려 들면서 타인의 억울함에는 '변명'이라는 이름을 붙였습니다. 내 실수는 '그럴 수도 있지' 하고 넘기면서도 누군가의 실수에는 '왜 그랬냐'며 원인을 따지고 다그쳤습니다. 이해란 누군가를 옹호해 주는 것이 아니라 그 사람의 자리에 서서 바라보는 일이라는 것을 알면서도 저는 하지 않았습니다. 그건 시간이 없어서가 아니라 노력하지 않았기 때문입니다.

> 네가 말하고 싶어 할 때
> 나는 '듣는 척'했을 뿐이지
> 진짜 '듣는 마음'으로 기다리지 않았다.
> 내 기준보다 너의 맥락을 먼저 떠올리는
> 어른이 되고 싶다.
> 어른이란 더 많이 아는 사람이 아니라
> 더 많이 들어줄 수 있는 사람이어야 한다.
> 너를 바꾸기보다
> 내 마음의 자세를 먼저 바꾸는 그런 어른이 될게.
> 너를 판단하지 않고,
> 있는 그대로 받아들일 수 없었던 그 기회로
> 내가 먼저 이해하는 사람이 되어서,
> 네가 편안하게 말 걸 수 있는
> 어른이 되겠다.

진짜 어른이란 말을 많이 하는 사람이 아니라 잠시 멈추어 듣고자 하는 사람입니다. 상대방을 바꾸기보다 내 마음의 자세를 먼저 바꾸는 어른이 되어야 합니다. 말끝에 숨겨진 감정까지도 살펴보려는 그 태도에서 비로소 '어른다움'이 시작됩니다. 그 누군가를 판단하기보다 있는 그대로 받아들일 수 있는 기회를 내 쪽에서 먼저 열 수 있어야 합니다. 그렇게 이해를 시작할 수 있는 어른, 그래서 누군가가 말 걸고 싶어지는 어른이 되는 것—그것이 관계를 지키고 신뢰를 쌓는 진짜 어른의 모습일지도 모릅니다.

# 3. 겸손을 자주 잊었어요

"너는 아직 몰라."

"그런 건 시간이 지나면 다 알게 돼."

"내가 다 겪어본 일이야. 그러니까 이렇게 하라고."

저는 그렇게 말해왔습니다. 선배로서, 부모로서, 사회에서의 '어른'으로서. 말의 겉모습은 충고였지만 그 속에는 제 경험이 당신보다 위에 있다는 은근한 우월감이 깔려 있었습니다. 당신의 시도는 미숙하게 보였고, 당신의 질문은 불필요하게 느껴졌으며, 당신의 다름은 버릇없음이나 철없음으로 여겨졌습니다. 저는 저를 낮추지 않았고 제가 틀릴 수도 있다는 생각조차 하지 않았습니다. 그건 지혜가 아니라 습관이 된 오만이었습니다.

『논어』 「위정편(爲政篇)」에 이런 말씀이 있습니다.

> 子曰 : 由! 誨女知之乎? 知之為知之, 不知為不知, 是知也.
> 자왈   유  회여지지호    지지위지지      부지위부지    시지야
>
> 공자께서 말씀하셨다. 유야! 너에게 안다는 것에 대해 깨우쳐 주랴? 자신이 아는 것을 안다고 하고, 자신이 모르는 것은 모른다고 하는 것이 바로 안다고 하는 것이다.

겸손이란 말하기 전에 멈출 줄 아는 태도입니다. 상대의 말을 다 들은 뒤 제가 먼저 확신했던 판단을 잠시 내려놓고 다른 시선을 인정하는 마음의 준비가 되어 있는 상태. 하지만 저는 멈추지 않았습니다. 계속 말했고 계속 가르쳤고 계속 '제가 옳다'는 태도로 다가갔습니다. 그러다 어느 날 한 후배가 말했습니다.

"선배는 항상 말씀이 많으신데 정작 본인 이야기만 하세요. 우리 이야기는 잘 안 들으시잖아요."

그 말은 부끄러웠고 동시에 아팠습니다. 저는 저를 '열려 있는 사람'이라고 생각했지만 정작 열려 있던 건 제 입이었고 제 마음은 굳게 닫혀 있었던 겁니다. 저는 듣는다고 말했지만 실상은 '제가 그 말을 반박하기 위해 듣는' 자세였습니다.

조언이라는 이름으로 결국엔 제 경험을 강요하고 있었던 것입니다. 한 신입 직원이 회의 시간에 새로운 제안을 했을 때가 떠오릅니다. 저는 그 자리에서 이렇게 말했습니다.

"그건 예전에 해봤던 거야. 잘 안돼."

"지금처럼 돌아가는 것도 나쁜 건 아니잖아."

지금 와서 생각해 보면 그 아이디어가 꼭 정답은 아니었더라도 그 말을 꺼낸 용기만큼은 존중받아야 했습니다. 하지만 저는 공감보다 위계를 앞세웠고 조언보다는 '내가 해본 방식'을 강요하려 했습니다. 겸손은 단지 고개를 숙이는 예절이 아닙니다. 그건 상대의 이야기를 듣고 그 말에 마음을 기울이며 제 생각이 틀릴 수도 있다는 열린 자세로부터 시작되는 것입니다.

제가 더 많이 알고 있다는 생각에
당신의 경험을 가볍게 여겼고,
제가 더 오래 살아왔다는 이유로
당신의 가능성을 단정 지었습니다.
그러면서도 저는 당신에게 겸손하라고 말했습니다.
그건 얼마나 모순된 말이었는지,
지금에서야 부끄럽게 깨닫습니다.
이제는 알겠습니다.
겸손은 저를 작게 만드는 것이 아니라
상대의 마음을 크게 만드는 태도라는 것을요.
앞으로는 제가 말할 때보다
당신이 말하고 싶은 순간을 먼저 살피겠습니다.
제 생각보다 당신의 생각이 먼저 설 수 있도록,
제 경험보다 당신의 시도가 더 빛날 수 있도록
조용히 물러설 줄 아는 어른이 되겠습니다.
겸손하지 못했던 그 모든 순간,
진심으로 사과드립니다.
그리고 이제라도 겸손이란
'모르는 척'이 아니라
정말 모를 수 있다는 걸 인정하는
용기임을 잊지 않겠습니다.
그 용기를 내는 어른이 되겠습니다.

# 4. 성실은 말뿐이었어요

"계획은 잘 짰는데 왜 끝까지 안 했어?"
"시작했으면 책임지고 완수해야지."

저는 그런 말을 자주 해왔습니다. 직장에서는 후배에게, 가정에서는 자녀에게, 사회에서는 젊은 세대에게 성실함은 기본이고 책임은 사람됨의 기준이라 말해왔습니다. 하지만 정작 저 자신을 돌아보면 그 말에 걸맞은 삶을 살고 있었는지는 부끄럽기만 합니다. 프로젝트 마감이 임박해도 '이 정도면 괜찮겠지' 하고 서둘러 마무리하거나, 회의 시간을 어기고도 '다들 늦는걸'이라며 넘겼던 순간들, 꾸준히 하겠다던 자기 계발은 '바쁘다'는 핑계로 몇 날 며칠 미뤘던 나날들. 그리고서도 저는 부끄러워하지 않았습니다.

"나는 어른이니까, 할 일이 많으니까, 바빠."
그 말은 저에게 너무나 익숙한, 게으름을 포장하는 편리한 변명이었습니다.

『논어(論語)』 「자로편(子路篇)」을 보면 이런 말이 있습니다.

> **君子는 言必信하고 行必果니라.**
> 　　군자　　언필신　　　행필과
>
> 군자는 말은 반드시 믿음직하고, 행동은 반드시 결단력 있어야 한다.

이 말은 '신뢰받는 어른'이 되기 위한 가장 기본적인 덕목으로서 성실함의 의미를 담고 있습니다. 성실함이란 남들에게 보여주기 위한 행동이 아니라 스스로에 대한 존중에서 시작되는 태도입니다. 하지만 저는 그 성실을 타인에게만 요구했고 스스로에겐 예외를 적용하며 살아왔습니다. 예전 회사에서 함께 일하던 후배가 어느 날 조용히 말했습니다. "선배는 성실하라고 늘 말씀하시지만… 정작 선배가 약속을 자주 바꾸고, 본인이 말한 걸 지키지 않으실 때도 많잖아요."
말과 행동이 다른 사람은 결국 말의 무게도 잃게 된다는 것. 그때 깨달았습니다. 성실은 거창한 완성이 아니라 작은 약속을 끝까지 지키려는 일상의 태도라는 것을요.

매일 아침 출근 시간을 지키겠다고 말하면서도 자주 늦는 나.
"건강 챙기라"는 말을 입에 달고 살면서도 정작 운동은 늘 내일로 미루는 나.
"자기 계발이 중요하다"고 말하면서도 책 한 권 끝까지 읽지 않는 나.
그런 저에게 아랫사람은 어떤 모습을 보고 자랐을까요? 어쩌면 말은 멋졌지만 행동은 느슨한 사람으로 기억되었을지도 모릅니다. 성실이란 말은 그 자체로 무거운 책임입니다. 누군가에게는 희망이 되고 누군가에게는 상처가 되기도 합니다. 성실을 말한 사람의 행동이 일치하지 않는다면 그 말은 오히려 상대에게 무력감과 허탈감을 줄 수도 있습니다.

성실은 권위의 수단이 아니라 신뢰를 쌓는 바탕입니다. 내가 뿌린 말이 상대에게 뿌리내리기 위해선 그 말이 현실의 행동으로 뒷받침되어야 합니다. 성실은 "이래야 한다."는 명령이 아니라 "이렇게 살겠다."는 다짐입니다. 이제는 말보다 작은 실천이 더 중요하다는 걸 압니다. 늦은 약속 앞에 "미안"을 반복하기보다 미루지 않고 지켜내는 것이 먼저입니다.

'성실'이란 말이 더 이상 타인을 단죄하는 채찍이 아니라 나 자신을 다잡는 굳은 의지로 남았으면 합니다. 저는 더 이상 '어른'이라는 말 뒤에 숨지 않겠습니다.

진정한 어른은 가르치는 사람이 아니라 함께 배우고 실천하며 신뢰를 쌓는 사람임을 이제야 조금씩 이해해 갑니다. 말보다 삶이 증명하는 어른, 말이 아닌 태도로 존경받는 어른이 되고 싶습니다. 그래서 오늘도 성실을 말하기 전에 내가 얼마나 성실하게 살아냈는지를 돌아보며 하루를 시작하려 합니다.

> 내 삶과 마주한 모든 이들에게
> 진심으로 사과하고 싶습니다.
> 제가 강조했던 그 '성실'이라는 말이
> 당신을 압박하고 다그치는 말로 들렸다면,
> 그건 온전히 제 책임입니다.

이제는 바꾸고 싶습니다.
앞으로는 '해야 하니까 하는 것'이 아니라
'소중하니까 지켜내는 것'으로
제 일상과 약속을 대하겠습니다.
당신과의 약속 하나,
제가 한 말 한마디,
당신이 제게 보낸 질문 하나에
묵묵히 책임을 다하는 사람이 되고 싶습니다.
성실한 사람이 되기 위해
말보다 행동이 먼저인 어른.
그런 어른으로 거듭나겠습니다.

## 5. 진심을 마음으로만 가지고 있었어요

우리는 '마음은 있었어'라는 말로 너무 많은 것들을 정당화합니다. 하지만 상대는 그 마음을 몰랐습니다. 말하지 않았기 때문입니다. 행동으로도 보여주지 않았기 때문입니다. 내가 얼마나 응원했는지, 얼마나 좋아했는지, 얼마나 고마웠는지—그 모든 진심은 내 마음속에만 있었을 뿐 상대의 삶에는 없었습니다. 그러니 그 사람은 결국 저를 '차가운 사람'으로 기억합니다.

"그땐 왜 말하지 않으셨어요?"
"선생님도 저를 좋아하셨다면, 왜 그렇게 딱딱하게 대하셨어요?"
"알고 보니 저를 아끼셨던 거라는데… 저는 몰랐어요."

저는 '당연히 알겠지', '말하지 않아도 느끼겠지'라고 생각했는데, 정작 제게서 한 번도 그런 느낌을 받아본 적이 없다고 말했습니다. 저는 아이들을 아꼈고, 후배들을 응원했고, 동료들을 존중했습니다. 하지만 그 모든 감정은 내 안에만 머물렀고 표현되지 않았기에 아무 의미가 없던 겁니다.

『논어(論語)』「위령공편(衛靈公篇)」에는 이렇게 나옵니다.

> 子曰：言忠信，行篤敬，雖蠻貊之邦，行矣. 言不忠信，行不篤敬，
> 자왈　　언충신　　행독경　　수만맥지방　　　행의　　　언불충신　　　행부독경
>
> 雖州里，行乎哉?
> 수주리　　행호재
>
> 立則見其參於前也，在輿則見其倚於衡也. 夫然後行.
> 입즉견기참어전야　　　　재여즉견기의어형야　　　부연후행
>
> 자장이 어떻게 하면 자신의 주장이 수용되어 행해질 수 있는지에 관하여 여쭈어보자 공자께서 말씀하셨다. "말이 충성스럽고 믿음직하며 행동이 독실하고 경건하다면 오랑캐의 나라에서라도 행해지게 될 것이나, 말이 충성스럽지 않고 믿음직하지 않으며 행동이 독실하지 않고 경건하지 않다면 비록 자기 고장에선들 행해지겠느냐? 일어서면 이 글자들이 앞에서 쳐다보고 있음을 보고, 수레를 타면 이 글자들이 수레 채 끝의 횡목에 기대어 있음을 보아라. 그런 뒤에야 행해질 것이다."

진심은 말로 전해지고 행동으로 확인되어야 비로소 상대의 마음에 닿을 수 있다는 가르침입니다. 저는 '바쁘다', '어색하다'는 핑계로 내 마음을 설명하지 않았고, 사랑한다는 말보다 '지적과 충고'가 먼저 나왔으며, 칭찬보다는 조언이, 공감보다는 조율이 먼저였습니다. 그래서 저는 많은 관계에서 '그 사람, 나를 별로 안 좋아했나 봐요'라는 오해를 남기고 말았습니다. 진심이란 그저 좋은 마음을 품고 있다는 것이 아니라 그 마음을 상대가 느낄 수 있도록 전하는 일이라는 걸 이제야 알게 되네요.

우리는 어른이라는 이유로 감정을 숨깁니다. 품위 있어야 한다는 착각에 사로잡혀 말 대신 침묵을 택합니다. 하지만 어른이 진심을 표현하지 않으면 아랫사람은 혼란에 빠지고 고립되고 지쳐갑니다. 칭찬 한마디,

따뜻한 격려 한 문장, 말 없는 고개 끄덕임조차 없이 '알아서 느껴야 한다'고 요구하는 것은 관계의 책임을 회피하는 것입니다. 진심은 누군가의 가슴속을 어루만지는 언어가 되어야 의미가 있습니다. '좋아한다', '응원한다', '감사하다', '미안하다'는 말은 지나치게 흔해 빠졌다고 생각할지 모르지만, 그런 말을 가장 듣지 못하고 사는 사람들이 바로 곁에 있습니다. 무표정으로 던지는 "고생했어." 보다 눈을 바라보며 "네 덕분이야."라고 말하는 게 더 어렵지만 더 오래 기억된다는 것을 알아야 할 것 같습니다. 뭔가 특별한 보상을 해주지 않아도 괜찮습니다. 단 한 줄의 진심이 단 한 번의 따뜻한 표현이 관계를 바꿉니다.

앞으로 저는 제 마음을 머뭇거리지 않고 표현하려 합니다. 좋은 마음을 품고만 있는 사람에서 그 마음을 건네는 사람으로 변화하려 합니다. 그동안 미뤄두었던 말들 — "괜찮아, 네가 있어 든든했어." "고마워, 나는 네가 자랑스러웠어." "너를 믿어. 지금처럼 하면 돼." — 아직 늦지 않았기를 바랍니다. 어른답지 못했던 지난날들을 돌아보며 마음보다 따뜻한 말을 건네는 어른으로 살아가겠습니다.

> 나는 널 좋아했고,
> 네가 애쓰는 걸 보며 속으로 감탄했고,
> 고맙고 미안한 마음도 많았지만,
> 그 말을 해줄 용기를 내지 않았어.
> 그래서 너는 혼자 힘들었고,
> 내가 너의 편이 아니라고 생각했겠지.

앞으로는 내 마음을 마음속에만 두지 않을게.
부끄럽더라도 말로 꺼내고
작은 몸짓으로 보여줄게.
진심은 머릿속에 있을 땐 감정이고
입 밖으로 나올 때 비로소 관계가 된다는 걸
이제는 절대로 잊지 않을게.
그동안 말하지 못했던 수많은
"고마워", "괜찮아", "정말 잘했어", "널 믿어"
그 말들을 이젠 아끼지 않을게.
사랑은 표현이고,
존중은 태도이며,
진심은 전달되었을 때 진짜라는 것,
내가 어른으로서 오늘부터 배우고 실천할게.

# 6. 자유와 방임을 혼동했어요

"그건 하지 마."

"그건 내가 해줄게."

"이렇게 하면 실패 안 해. 그냥 따라 해."

저는 그런 말들 속에 '배려'라는 이름을 달아주었습니다. 조금이라도 더 편하게, 조금이라도 덜 다치게, 조금이라도 덜 후회하게 해주고 싶다는 마음에서였습니다. 하지만 돌아보면, 그것은 그 사람의 시행착오를 미리 가로막은 것이고 결국 스스로 설 수 있는 성장의 기회를 빼앗은 행동이었습니다. 저는 그렇게 말하면서도 '자유를 주고 있다'고 착각했습니다. 그러나 돌봄이라는 이름으로 대신 판단하고 대신 결정하는 순간, 그 사람은 제 기준 안에 갇히게 되었습니다.

가끔 아이가 이런 말을 합니다.

"아빠, 나는 뭘 좋아하는지 잘 모르겠어."

그 말을 들을 때면 마음이 무겁습니다. 늘 '그건 이렇게 해야 해', '저건 안 되는 거야' 하며 기준을 정해주던 제가 아이의 내면에 자라야 할 자율성을 어떻게 꺾어왔는지 떠올랐기 때문입니다. 아이는 제가 제시한 길을 따라오며 칭찬을 받았지만 그 길이 정말 자기가 원한 길인지는 한 번도 질문해 보지 못했던 겁니다.

이건 아이에게만 해당되는 이야기가 아닙니다.

직장에서는 '신입이 뭘 알아?' '후배니까 내가 방향을 잡아줘야지'라는 생각으로, 제자에게는 "선생님이 시키는 대로만 해. 그래야 실수 안 해."라고 말하며 저는 스스로도 모르는 사이에 자율과 방임을 뒤섞고 있었습니다. "알아서 해."라는 말로 책임을 떠넘긴 순간도 있었고, "이건 네가 할 수 없어."라며 가능성을 선을 긋기도 했습니다.

우리는 너무 쉽게 방임과 자율을 혼동합니다. 그냥 두는 것과 기다려 주는 것은 다릅니다. 무책임하게 "알아서 해."라고 내버려두는 것은 오히려 외면이며, 곁에서 지켜보며 "너의 선택을 존중할게."라고 말하는 것이 진정한 자율의 시작입니다. 그 사람의 실패를 함께 견디고 그 결과를 함께 감당하겠다는 마음이 있을 때 비로소 자율은 가능해집니다. 그것이 진짜 어른의 품입니다. 우리는 자꾸 조언을 서두르고, 해답을 먼저 말하려 하지만, 어쩌면 그들은 묻지도 않았고 원하지도 않았던 답을 떠안고 있었는지도 모릅니다.

『장자(莊子)』 내편 「인간세(人間世)」에서는 이렇게 말합니다.

> 人皆知有用之用, 而莫知無用之用也.
> 인개지유용지용   이막지무용지용야
>
> 사람들은 모두 '쓸모 있는 것의 쓰임'은 알지만, '쓸모 없는 것의 쓰임'은 알지 못한다.

'내가 정한 기준에 맞춰야 한다'는 생각은 어른이 보기엔 '쓸모' 있는 방향을 강요한 것입니다. 그러나 돌이켜 보면 그것은 결국 어른의 잣대를 강요하며 그 사람만의 가능성을 제한한 태도였습니다. 진짜 자율은 내 기준 밖에 있는 선택도 충분히 의미 있고, 소중할 수 있다는 믿음에서 시작됩니다.

정체되어 있는 것처럼 보여도 그 사람 나름의 속도로 성장하고 있었는지도 모릅니다. 실패처럼 보인 선택에도 분명 배움이 있었고 멈춰 있는 것 같았던 시간 속에서도 스스로를 다듬고 있었을지도 모릅니다.

하지만 저는 그 기다림을 감당하지 못했습니다. 저는 그렇게 하지 못했습니다. '아이니까', '초보니까', '잘 모르니까'라는 말로 대신 정해주고, 대신 판단하고, 대신 실행하면서 자율이 자라날 자리를 없애버렸습니다. 그건 돌봄이 아니라 내 기준 안에서만 안전하라고 가두는 일이었습니다. 성장에는 넘어짐도, 망설임도, 때론 엉뚱한 시도도 필요합니다. 그 시간을 허락하지 않고 내가 옳다고 믿는 방향만을 향하게 하는 것은 자율을 돕는 것이 아니라 자율을 거세하는 일이었습니다.

*너는 선택하고 싶었겠지.*
*결정하고, 책임지고,*
*실패해도 다시 해보면서*
*너만의 기준과 힘을 만들어 가고 싶었을 거야.*
*그런데 나는*

실패를 허용하지 않았고,
다름을 이해하지 않았고,
너의 리듬을 기다리지 않았어.
이제는 알겠어.
자유란 혼자 두는 게 아니라
옆에서 지켜봐 주고
스스로 설 수 있게 응원하는 것이라는 걸.
앞으로는 내가 먼저 말하기보다
네가 먼저 묻도록 기다릴게.
네가 무엇을 선택하든
그 결과를 함께 감당할 용기로 옆에 서 있을게.
그동안 좋은 마음이란 이름으로
네 자유를 침범했던 나의 행동을 진심으로 반성해.

자유는 마음대로가 아니라 스스로의 뜻을 따를 수 있도록 옆에 있는 것.
자율은 외면이 아니라 가장 깊은 신뢰로부터 비롯된 존중이라는 것을…
오늘, 어른이 된 나는 배웁니다.

# 7. 유연하지 못하고 고집을 부렸어요

"요즘 애들은 왜 이렇게 예민하지?"
"그걸 꼭 저렇게까지 표현해야 하나?"
"이건 기본 아니야? 상식이 없네."

저는 입버릇처럼 그렇게 말했습니다. 그리고 '요즘 세대'라는 말로 이해하지 못하는 것을 쉽게 판단해 버렸습니다. 어떤 후배는 감정을 글로 쓰고 어떤 학생은 짧은 영상으로 마음을 표현하며 누군가는 질문보다 공감이 먼저라고 말했을 때 저는 그들의 방식을 가볍게 여기거나 이상하다고 느꼈습니다. 하지만 그건 이상한 게 아니라 그저 내 방식과 달랐을 뿐이었습니다.

『도덕경(道德經)』 제42장에는 이런 구절이 있습니다.

> **強梁者不得其死, 吾將以爲敎父.**
> 강량자부득기사   오장이위교부
>
> 강한 대들보는 제 수명을 다하지 못한다. 나도 이것을 내 가르침의 으뜸으로 살고자 한다.

그 구절을 처음 접했을 때는 그저 말장난처럼 들렸지만 이제는 삶의 본질을 꿰뚫는 진리로 느껴집니다. 저는 단단한 것이 강하다고 믿었습니다. 중심을 지킨다는 것은 곧 흔들리지 않는 것이라고 여겼고 흔들리는 모습은 미성숙한 태도라고 여겼습니다. 그래서 더 단단해지려 애썼고 나보다 어린 세대의 방식과 감정은 '부족해서 그런 것'이라 단정했습니다. 하지만 지금 생각해 보면 그 믿음은 단단함이 아니라 굳어버린 고집이었습니다.

예전에 한 후배가 업무 중에 아이디어를 냈습니다. 신입치고는 과감했고 기존 방식과 전혀 달랐습니다. 저는 속으로 '무모하다'고 생각했죠. 그리고 겉으론 웃으며 말했습니다. "좋은 생각이지만 지금은 그렇게 하기 어려울 것 같아." 저는 그저 실용적 판단을 했다고 믿었지만 사실은 내 방식에 대한 고집이 그의 가능성을 꺾어버린 것이었습니다. 저는 스스로를 '경험이 많은 사람'이라 여겼고 그래서 내 방식이 더 합리적이고 효율적이라 믿었습니다. 그러나 시간이 지날수록 깨달았습니다.

경험은 방향을 잡아주는 나침반이지 모든 것을 대신 정해주는 정답지는 아니라는 것을. 오히려 고정된 경험은 새로운 흐름을 방해하는 족쇄가 되기도 했습니다. 유연함은 '모든 것을 받아들이는 것'이 아닙니다. 그것은 다름을 마주하면서도 존중을 유지하는 태도이며 익숙하지 않은 방식 안에서도 진심을 찾으려는 마음입니다. 내가 불편하다는 이유로 남을 부정하는 것이 아니라 그 불편함 속에서 이해하려는 노력을 멈추지 않는 것. 그것이야말로 내가 잃어버렸던 진짜 강함이었습니다.

한 아이가 있었습니다. 수업 시간에 종종 엉뚱한 질문을 했고, 발표도 제멋대로였으며, 다른 친구들과는 다른 리듬으로 움직였습니다. 저는 이런 상황이 불편했기에 아이에게 다소 무섭게 대하며 말했습니다. "너는 왜 항상 튀려고 하니?" 그 말에 아이는 제 눈을 피하며 그냥 자신의 생각을 말해본 것이라고 조용히 말했습니다. 학생은 배우는 자이고 배움에서 질문은 당연하며, 당연하다고 생각하는 것에 의심을 던지는 것이 또 다른 진리를 발견하는 거라고 말해놓고 저의 시각은 전혀 유연하지 못했습니다. 결국 저의 고집은 내가 편한 방식으로 세상을 정리하려는 방어였고 유연함은 그 아이의 세계에 나를 맞추려는 용기였다는 것을 알게 되었습니다.

이제는 그렇게 살고 싶지 않습니다. 더 이상 단단한 틀 안에 사람을 끼워 넣으려 하지 않고, 단단한 틀에서 벗어나 유연하게 흐를 줄 아는 틀을 넓혀 타인을 초대하는 어른이 되고 싶습니다. 물처럼 부드럽되 방향을 잃지 않고, 구부러지되 꺾이지 않는 어른. 누군가 내 방식과 다르게 말하고 표현하더라도 그 안에 담긴 맥락과 감정을 먼저 보려는 눈을 갖고 싶습니다.

> 내가 이해하지 못했던 많은 것들 안에는
> 너의 감정과 진심이 있었고,
> 새로운 시도와 용기가 있었고,
> 내가 잃어버린 열정과 자유로움이 있었던 거야.
> 이제는 너의 말투가 낯설어도,

너의 방식이 느껴지지 않아도
그 안에 담긴 마음을 먼저 읽어보려고 할게.
유연함이란
모든 걸 인정하는 게 아니라
내 기준만으로 옳고 그름을 재지 않고
상대의 맥락과 흐름을 이해하려는 태도라는 걸
이제야 깨닫고 있어.
앞으로는
내 틀에 너를 끼워 맞추는 대신,
내 틀을 넓혀서 너를 초대하는 사람이 되고 싶다.
내가 불편하다는 이유로
너를 부정했던 지난 모든 순간에
진심으로 미안해.
이제라도
너를 향해 나를 유연하게 만드는 용기,
그걸 삶 속에서 실천하는 어른이 될게.

어른이란 결국 변화 앞에서 유연해지는 사람입니다. 내 생각이 늘 옳지 않음을 인정하고 내 틀 밖에도 진리가 존재함을 받아들이는 사람. 이제라도 그렇게 살겠습니다. '틀림'을 '다름'으로 인정하고, 고집 대신 경청으로, 판단 대신 공감으로 관계를 맺는 어른이 되겠습니다.

## 8. 참지 못하고 쉽게 포기했어요

"그 정도면 됐지, 뭘 더 해."
"안 될 것 같으면 빨리 접는 게 낫지."
"요즘은 참고만 사는 시대가 아니야."

저는 그렇게 말했습니다. 새로운 시도를 시작한 후배에게, 실수한 아이가 다시 해보겠다고 말할 때, 힘든 상황을 이겨내려는 친구에게. 그 말들은 어쩌면 현실적이었는지도 모릅니다. 하지만 그 현실감이라는 말 속에는 끝까지 해보자는 용기 대신 미리 포기하는 체념이 숨어 있었습니다. 그리고 그건 제가 살아온 삶의 태도이기도 했습니다. 조금만 일이 어려워지면 '이건 내 길이 아니야'라고 돌아섰고, 사람 관계가 복잡해지면 '그냥 멀어지자'며 연락을 끊었고, 기다려야 할 상황에서는 '왜 이렇게 느려?'라는 말로 조급함을 내비쳤습니다.

『맹자(孟子)』「이루편(離婁篇)」에서는 이렇게 말합니다.

> 行有不得者, 皆反求諸己.
> 행유부득자    개반구제기
>
> 일이 뜻대로 되지 않으면 반드시 자신에게서 그 원인을 찾아야 한다.

이 구절은 "내가 기다리지 못했고, 내가 먼저 단념했다."고 말하며 책임을 돌리지 않고 자신에게서 원인을 찾습니다. 맹자는 실패를 타인 탓으로 돌리지 않고 자신을 돌아보며 반성할 줄 아는 태도를 강조합니다. 인내란 감정을 억누르는 것이 아니라 조절하고 조화롭게 드러낼 줄 아는 힘입니다. 저는 그 절제를 배우지 못했고 그래서 참는 법도, 기다리는 법도, 끝까지 책임지는 법도 보여주지 못한 채 어른이 되었습니다. 어른이라면 끝까지 해내야 한다고 말해놓고 정작 나는 자주 멈췄습니다. 시작은 거창했지만 시간이 지나면 열정은 금세 식었고 고비를 넘기기보다 고비 앞에서 주저앉았습니다.

"이건 내 길이 아니었나 봐."
그 말은 내가 자주 꺼내든 도피의 주문이었습니다.
관계도 마찬가지였습니다. 갈등이 생기면 '내가 굳이 이 관계를 계속 이어야 하나'라는 생각부터 들었고 기다림이 필요한 순간에는 '답답하다'는 이유로 마음을 닫았습니다. 그렇게 나는 사람을 지키는 법도, 상황을 견디는 법도 배우지 못한 채 스스로를 합리화하며 살아왔습니다.

하지만 이제는 압니다. 진짜 인내는 고통을 무조건 참고 견디는 것이 아니라 기다림 속에서도 타인을 신뢰하고 과정을 존중하는 따뜻한 태도라는 걸 이제야 배웁니다. 기다려 주는 사람 곁에서 사람은 더 잘 자라고, 묵묵히 버텨주는 사람 곁에서 꿈은 더 오래 지속됩니다. 어떤 것을 오래 하고 싶어 했던 이들에게, 소중한 관계를 지키고 싶어 했던 이들에게, 한 걸음 더 내딛고 싶었던 이들에게, 나는 끝까지 해보는 어른의 모습을 보여주지 못했습니다. 조금만 지치면 멈췄고, 귀찮으면 미뤘고, 눈에 보이는 결과가 없으면 애써 외면했습니다. 그러면서도 "요즘 애들은 참을성이 없다."고 말했으니 얼마나 무책임하고 모순된 태도였는지 이제야 깨닫습니다.

너는 어떤 것을 오래 하고 싶어 했고,
어떤 관계를 지키고 싶어 했고,
어떤 꿈을 이루고 싶어 했는데,
나는 너에게 끝까지 해보는 어른의 뒷모습을 보여주지 못했어.
나는 지쳐서 멈췄고, 귀찮아서 미뤘고,
결과가 빨리 안 보이면 애써 외면하고 말았지.
그리고 너에게는
"요즘 애들은 참을성이 없다."고 말했어.
그건 얼마나 무책임한 말이었는지,
이제야 알게 되었어.
앞으로는 바꿔보고 싶어.
쉽게 말하지 않고,
쉽게 판단하지 않고,
끝까지 기다려주고,
과정의 시간을 존중해주는 어른이 되고 싶어.
인내는 단지 고통을 견디는 힘이 아니라
사람을 믿고, 시간을 견뎌주는 따뜻한 태도라는 걸
이제는 삶으로 보여줄게.

쉽게 단정하지 않고, 결과만을 조급하게 바라보지 않으며, 끝까지 지켜보고 기다릴 줄 아는 어른이 되고 싶습니다. 인내란 단순히 고통을 참는 것이 아니라 사람을 믿고 시간을 견뎌주는 마음이라는 걸 이제는 삶으로 보여주려 합니다. 저는 누군가에게 '참는 법'이 아니라 '포기하는 법'을 먼저 가르쳤을지도 모릅니다. 하지만 이제는 조금 느리더라도, 중간에 흔들리더라도, 멈추지 않고 나아가는 모습을 통해 '견디는 힘'을 전하고 싶습니다. 쉽게 지치고 쉽게 등을 돌렸던 지난날의 나로 인해 실망을 안겨준 것, 진심으로 미안하게 생각합니다. 이제부터는 조화와 절제의 힘으로 살아가는 어른이 되고자 합니다. 말로만이 아니라 삶의 태도로 그 변화를 증명하겠습니다.

## 9. 열정을 잃고 무기력했어요

"요즘은 뭐에 가장 관심 있어요?"
"어릴 적 꿈은 뭐였어요?"
"요즘은 어떤 게 가장 설레세요?"

평범한 듯한 이 질문들 앞에서 저는 한동안 아무 말도 할 수 없었습니다. 머릿속을 아무리 뒤져봐도 지금 제 가슴을 뛰게 하는 무언가가 떠오르지 않았습니다. 예전엔 좋아하던 것들이 분명 있었는데 지금은 그 감정조차 희미해져 있었습니다. 주어진 일을 그저 해내고, 피곤하면 무기력하게 눕고, 쉬다 보면 어느새 또 하루가 흘러 있었습니다. 하루하루를 버틴다는 말이 더 어울리는 삶이었고 '언젠가'라는 말로 미뤄둔 것들은 시간이 흐를수록 아예 사라져 버렸습니다. 그런 제가 아랫사람들에게는 늘 이렇게 말했습니다.

"하고 싶은 걸 해봐라."
"두려워하지 말고 도전해라."
"실패해도, 열정은 남는다."
말은 쉬웠지만 정작 저는 무엇 하나 끝까지 해본 것도 없었고 무엇에도 다시 불을 붙일 용기도 내지 않았습니다.

『논어(論語)』「옹야편(雍也篇)」에는 공자의 말이 이렇게 기록되어 있습니다.

> 知之者 不如好之者, 好之者 不如樂之者.
> 지지자    불여호지자      호지자     불여락지자
>
> 그것을 아는 사람은 좋아하는 사람만 못하고, 좋아하는 사람은 그것을 즐기는 사람만 못하다.

열정이란 잘하는 것에서 나오는 게 아니라 즐길 줄 아는 마음에서 비롯된다는 말입니다. 그런데 저는 좋아하는 것을 잊었고 더 이상 즐기려 하지 않았습니다. 즐거움 없이 반복되는 일상은 결국 정해진 틀 안에서 정해진 일만 반복하면서 안정 속에서 내 불씨를 하나하나 끄고 있었던 겁니다. 후배가 제게 물었습니다.

"선배는 왜 일에 재미없어 보이세요?"

처음엔 웃고 넘겼지만 그 말이 자꾸 떠올랐습니다. 정말 그랬습니다. 저는 어느 순간부터 일에 기대하지 않았고 삶에 설렘을 두지 않았습니다. 나이 들수록 무언가에 몰입한다는 게 점점 낯설어졌고 '그 나이에 뭘 새로 해?'라는 말로 스스로를 묶어두고 있었습니다.

그러다 문득 깨달았습니다. 열정은 젊음의 전유물이 아니라 살아 있다는 것 자체에서 나오는 에너지라는 걸요. 누군가의 열정을 부러워하면서도 저는 "난 이제 그런 거 안 해."라며 손을 놓았고, 무언가 해보려는 사람들에게는 "현실적으로 생각해."라고 조언 아닌 제약을 던지기도 했

습니다. 그러니 누군가 제게 동경이나 희망을 느끼지 못했던 건 당연한 일이었습니다. 저는 반성합니다. 무기력한 어른의 모습으로 다른 사람의 열정을 식게 만들었던 시간들을. 하지만 이제라도 바꾸고 싶습니다. 말로 조언하는 어른이 아니라 살아가는 모습으로 감동을 줄 수 있는 어른이 되고 싶습니다.

'영어 한 문장 공책에 적는 것'
'매일 10분이라도 계단을 걷는 것'
'어릴 적 좋아했던 음악을 다시 듣는 것'
이런 작은 시도부터라도 다시 시작하겠습니다. 열정은 '결심'에서 시작되지만 '지속'은 실천에서 시작됩니다. 그리고 그 실천은 거창하지 않아도 된다는 것을 깨닫습니다. 아랫사람들이 제게 바란 것은 대단한 능력도, 무조건적인 조언도 아닐 겁니다. 그저 무언가에 진심으로 몰입하는 모습, 살아 있음을 느끼는 순간을 놓치지 않는 사람이길 바랐을 겁니다. 이제는 제가 그 사람이 되겠습니다.

"어른이 되면 왜 꿈을 꾸지 않아요?"라고 묻는 그들에게
"이제 다시 꾸기 시작했어."라고 말할 수 있는 사람이 되겠습니다.
무기력한 모습을 당연한 듯 보여드러서 미안합니다. 앞으로는 '살아가는 사람'으로, '불붙인 사람'으로 당신 앞에 다시 서겠습니다.

늦었다는 말보다
지금이라도 해보자는 말이

내 삶에 익숙해지길 바란다.
너에게 해주고 싶은 말이 있다면
이제는 말이 아니라
내가 열정을 회복하는 모습으로 보여줄게.
다시 배우고,
다시 도전하고,
작은 것 하나에도 몰입해 보는 태도를
너에게 보여주는 어른이 되고 싶어.
내 안의 열정은 사라진 게 아니라
조금 멈춰 있었을 뿐이라는 걸
이제야 인정하게 되었어.
그동안 무기력한 어른의 모습으로
너의 기대를 식게 만들어서,
진심으로 미안하다.
앞으로는 열정은 젊음의 특권이 아니라
삶을 살아가는 모든 사람의 권리이자 책임임을
내가 먼저 삶으로 보여줄게.

## 10. 삶을 정리하며 살지 못해서 미안합니다

"왜 이렇게 혼란스러워 보이나요?"
"내 삶은 왜 늘 정돈되어 있지 않은지 모르겠어요."

최근 찾아온 후배가 자신의 혼란스러워진 일상에 대한 조언을 구했습니다. 그 친구의 이야기를 듣고 있자니, 되려 저는 제 삶이 정돈되지 않은 채 여기저기 흩어져 있다는 사실을 새삼 깨달았습니다. 저는 오랜 시간 동안 분명히 해야 할 일들을 미루고 정리할 기회가 생겨도 늘 '나중에 하면 되지 않을까'라는 생각에 갇혀 있었습니다. 작은 책상 위에 쌓여만 가는 책과 서류들, 산만하게 흩어진 생각들, 마음 한편에 자리 잡은 정리되지 않은 감정들이 제 삶의 구석구석에 남아 있었습니다.

『대학(大學)』경 제1장에는 이렇게 나옵니다.

> **知止而後有定, 定而後能靜.**
> 지지이후유정   정이후능정
>
> 머물 곳을 안 뒤에 나아갈 방향이 정해지고, 방향이 정해진 뒤에 마음이 고요해지고, 고요해진 뒤에 안정을 찾을 수 있다.

저는 멈출 줄 몰랐습니다. 멈춰야 보이는 것을 놓쳤고 멈추지 못해 잃어버린 질서와 중심이 너무 많았습니다. 누군가 제게 말했죠.

"늘 바빠 보이세요, 그런데 그 바쁨이 어디로 가고 있는지는 잘 모르겠어요."

맞는 말이었습니다. 저는 계속 무언가를 하고 있었지만 그것이 저를 향한 길이었는지는 의문입니다. 목표를 정하지 않고 계속 움직이기만 했던 저는 결국 어디에도 도달하지 못했습니다. 더 무서운 건 그렇게 살아온 제가 누군가의 길잡이인 척하며 '이렇게 사는 게 성실한 거야'라고 말해왔다는 점입니다.

가족에게는 "조금만 기다려, 정리되면 함께할게."라는 말을 수없이 반복했고, 후배들에게는 "이 일만 마무리되면 같이 생각해 보자."고 미뤘습니다. 하지만 돌아보면 저는 정리된 시간이 아닌 회피로 채운 시간만 늘려왔습니다. 책장 하나를 비우는 데도, 사람 하나의 감정을 듣는 데도 저는 늘 '시간이 없어서'라는 말을 내세웠습니다. 하지만 그것은 핑계였습니다. 진짜 이유는 불편함을 감당하고 싶지 않아서였습니다.

정돈이란 단지 물건이나 일정, 문서만의 문제가 아니었습니다. 정돈되지 않은 언어, 불필요하게 감정적이었던 반응, 제대로 말하지 못했던 진심들까지. 저는 내면의 어지러움을 바깥의 분주함으로 덮고 있었을 뿐이었습니다. 그리고 그 혼란은 저만의 몫이 아니라 저를 바라보는 아랫세대와 주변 사람들에게도 무겁게 전해졌을 것입니다. 삶은 어느 날 한 번에 정리되지 않습니다. 하루에 하나씩, 지금 이 순간의 나부터 돌아보는 것이 바로 시작입니다. 이제 정리되지 않은 제 마음을 바로 보겠습니다. 지나간 감정들을 가만히 들여다보고 '괜찮은 척'하며 방치한 상처들에도 정성을 들이겠습니다. '삶을 정리한다'는 건 단지 물리적인 일만이 아닙니다. 그건 곧 어른이 자신의 혼란을 고백하고 누군가에게 불안을 전하지 않겠다는 책임의 표현입니다. 삶을 정리하지 못한 어른은 자신만의 혼란이 아니라 다른 이의 중심까지 흔들리게 만든다는 사실을 잊지 않아야 할 것 같습니다.

내가 무너진 채 흔들리는 모습을 보며
당신들도 길을 잃지 않았을까 두렵습니다.
당신은 내게 방향을 원했을 텐데,
나는 망설임과 회피의 등만 보여주었습니다.
진심으로 미안합니다.
앞으로는 삶의 자리를 정리하며
한 걸음씩 중심을 바로잡아가겠습니다.
그것이 어른으로서,
내가 보여줄 수 있는 유일한 진심의 길이라는 것을 압니다.
그래서 잊지 않으려 합니다.

## 11. 매너 없는 태도를 보였어요

"어른이 왜 저래?"
"말투가 왜 저렇게 불편하지?"
"괜히 기분이 나빠졌어."

어느 날 무심코 던진 한마디 말이 아이에게 큰 상처가 되었다는 걸 뒤늦게 전해 듣고 나서야 저는 부끄러운 마음으로 스스로를 돌아보게 되었습니다. 저는 예의를 알고 있다고 생각했습니다. 상대에게 말을 놓지 않았고, 기본적인 인사는 나눴으며, 공적인 자리에서는 나름대로 조심하려 했습니다. 하지만 정작 중요한 것은 말의 높낮이가 아니라 말의 태도였고, 예의 바른 단어보다 상대의 감정을 헤아리는 마음이었음을 저는 잊고 있었습니다. 내가 무심코 넘긴 말투, 바쁘다는 이유로 끊어 버린 대화, 불편함을 말하지 못하게 만든 표정, 그 모든 것이 누군가에겐 '매너 없는 어른'의 모습으로 남았을지도 모릅니다.

『중용(中庸)』 제1장에서는 이렇게 말합니다.

### 故로 君子는 慎其獨也
### 고    군자    신기독야

그러므로 군자는 홀로 있을 때도 삼간다.

이 글에서는 누가 보든 말든 매너는 스스로를 위한 존엄이며 타인에 대한 배려임을 강조하고 있습니다. '매너는 내가 누구인지 드러내는 거울'이라는 문장과 함께 사용할 경우, 겉으로 보이는 형식이 아니라 보이지 않는 내면의 태도까지 신중하게 가꾸려는 성숙한 어른의 자세를 상징하는 구절이 됩니다. 예의는 결국 상대를 존중하고 있다는 신호이며, 매너는 함께 살아가는 사회에서 내가 어떤 사람인지를 말하지 않아도 보여주는 태도입니다. 저는 때때로 어른이라는 이름으로 무례를 허용받으려 했고 나보다 어린 사람에게 '이 정도는 괜찮겠지?'라는 안일함으로 불쾌감을 남겼습니다.

> 너는 나와 대화하면서
> 마음이 편했니?
> 내 표정과 말투에서
> 신뢰보다는 거리감을 느낀 적은 없었니?
> 너는 어른인 나에게서
> 품격 있는 존중을 배우고 싶었을 텐데,
> 나는 그 대신
> 무뚝뚝함과 무성의함을 먼저 보여줬을지도 모르겠다.

매너는 단순한 겉치레가 아닙니다. 그것은 나의 내면을 드러내는 거울이자 내가 어떤 사람인지 비추는 투명한 창입니다. 내가 무심코 던진 말 한마디, 가볍게 지나친 표정 하나가 상대의 마음에 남을 수 있다는 것을 저는 자주 잊었습니다. 바쁘다는 이유로 내 시간만을 소중히 여기고 피곤하다는 핑계로 타인의 감정을 소홀히 한 순간들이 얼마나 많았을까요. "예의 없는 언어는 칼보다도 날카롭다."라는 격언처럼 말이란 때로는 물리적인 상처보다도 깊은 상처를 남길 수 있습니다. 그 상처는 곧 나의 얼굴이 되고 나의 인격을 대변합니다. 따뜻한 마음은 차가운 말투에 가려지기 쉽고 좋은 의도도 날카로운 말 한마디에 무너질 수 있다는 사실을 다시 기억합니다.

또한, 매너는 단순히 나와 상대방의 관계를 규정하는 것이 아니라 그 관계를 맺어가는 방식이기도 합니다. 그것은 거리감을 줄이고 마음을 잇는 다리이며 나보다 어린 이들에게는 성숙한 어른의 모습을 보여주는 기회입니다. 매너를 잃는 순간, 그 다리는 무너지고 서로의 마음은 멀어지게 됩니다.

앞으로는

말 한마디에도 정성을 담고,

표정 하나에도 따뜻함을 더하며,

함께 있는 사람이 기분 좋아지는 어른이 되고 싶다.

내가 너를 대하는 태도가

너의 하루를 무겁게 만들지 않도록,

> 작은 행동 하나에도 배려가 묻어나는
> 그런 품격 있는 사람이 되도록 노력할게.

매너는 누가 보든 말든 지켜야 할 기본입니다. 그 당연한 기본을 소홀히 했던 지난날의 제 모습에 깊이 반성하며 진심으로 미안하다는 말을 전합니다. 저의 실수가 더 이상 당신의 마음에 상처로 남지 않기를 바랍니다. 이제는 예의 바른 태도로 어른다움을 보여드림으로써 '어른'이라는 말이 조금 더 따뜻하게 느껴질 수 있기를 간절히 바랍니다.

## 12. 어른이라는 이름이 부끄럽습니다

"어른은 다 그런 거야."
"넌 아직 어려서 몰라."
"어른 말 들어. 그게 맞아."

저는 그런 말을 너무 쉽게 했습니다. 그 안엔 설명도, 공감도, 기다림도 없었습니다. 그저 어른이라는 이름을 앞세워 나의 불완전함과 무책임함을 덮으려 했던 말뿐이었습니다. 하지만 어른이란 그저 오래 살아온 사람, 많은 것을 겪은 사람, 윗자리에 있는 사람이 아니었습니다. 어른이란 책임질 줄 아는 사람, 먼저 실천하는 사람, 자신의 부족을 돌아볼 줄 아는 사람이어야 했습니다.

『대학(大學)』경 제1장에서는 이렇게 말합니다.

> **大學之道, 在明明德, 在親民, 在止於至善.**
> 대학지도    재명명덕    재친민    재지어지선

대학의 도는, 밝은 덕을 밝히고, 백성을 새롭게 하며, 지극한 선에 이르는 데 있다.

이 말은 시간이 흐르는 대로 그저 따라 살기만 했던 저에게 어른으로서의 존재 방식에 대한 근본적인 물음을 던집니다. 어른은 그저 나이가 든 사람이 아니라 스스로를 밝혀 타인을 따뜻하게 비추고 세상을 바르게 만드는 데 기여하는 사람이어야 합니다. 그러나 저는 때론 화를 먼저 냈고, 무례를 나이로 덮었고, 스스로도 혼란스럽고 방황하면서 아랫사람들에게는 단단함과 방향을 강요했습니다. 그런 제가 어른이라는 이름으로 무게를 지닌다는 것이 지금은 너무도 부끄럽습니다.

어른이라는 이름으로 무례와 침묵을 정당화했던 순간들이 있습니다. 식당에서는 '손님'이라는 이유로 종업원에게 짜증을 냈고, 부모님과의 갈등에서는 침묵으로 벽을 쌓았습니다. 친구의 속마음을 "예민하다."며 무시했고, 지하철에서는 휠체어를 탄 노인을 돕지 않은 채 외면했습니다. 온라인에서는 익명 뒤에 숨어 타인을 쉽게 비난하며 말의 무게를 책임지지 않았습니다. 돌이켜보면 이 모든 순간은 나이보다 태도가 부족했던 부끄러운 어른의 얼굴이었습니다.

어른이라면<br>
네 마음을 먼저 살폈어야 했는데,<br>
어른이라면<br>
내 잘못을 먼저 돌아봤어야 했는데,<br>
나는 그 자리에 있으면서도<br>
그 자리에 어울리는 사람이 아니었던 것 같아.

어른이란 단지 나이의 축적이 아니라 명덕(明德)을 밝히는 과정입니다. 명덕이란 스스로의 빛을 깨우는 것입니다. 어두운 마음을 비추어 자신의 결점을 직시하고 그로부터 배워 나아가려는 자세를 뜻합니다. 이것은 단순히 지식을 쌓는 것과는 다릅니다. 진정한 어른이 되기 위해서는 자신의 내면을 끊임없이 갈고 닦아야 하며 그 빛이 주변 사람들에게도 전해질 수 있어야 합니다. 아이들이 두려워하는 것이 아니라 함께하고 싶어 하는 존재가 되어야 한다는 것입니다.

또한, 대학이 말하는 '친민(親民)'은 단순히 백성을 사랑하라는 의미를 넘어 모든 관계에서 타인의 마음을 이해하고 품는 것을 뜻합니다. 아랫사람들에게 단지 지시하고 통제하는 존재가 아니라 그들의 고민과 두려움을 함께 나누고 스스로 성장할 수 있도록 돕는 사람이 되어야 한다는 의미입니다. 어른은 단순히 무게를 실은 권위가 아니라 스스로의 부족함을 인정하고 타인과 소통할 수 있는 존재여야 합니다.

마지막으로 '지어지선(至善)'은 완벽을 의미하는 것이 아니라 끊임없이 더 나은 존재가 되기 위해 노력하는 과정을 의미합니다. 완전한 어른이 되기는 어렵겠지만 적어도 스스로의 길을 닦고 타인을 비출 수 있는 밝은 덕을 지향하는 사람이 되고 싶습니다.

오늘 저는 '어른'이라는 이름 앞에 진심으로 고개를 숙입니다. 말보다 먼저 행동하고, 무겁지 않되 진지하게, 높지 않되 따뜻하게, 앞서가기보다 곁에 서는 사람이 되고자 합니다. 부끄러움은 때때로 다시 시작할 수 있는 가장 진실한 출발점이 되기도 합니다. 이제부터라도 조금 더 좋은 어른이 되기 위해 하루하루를 성찰과 실천으로 채워가겠습니다. 이러한 작은 다짐들이 모여, 언젠가 '어른'이라는 단어가 지금보다 조금은 더 따뜻하게 느껴지기를 바랍니다.

## 나오는 말

**미안하다는 말은 끝이 아니라,
더 나은 어른이 되겠다는 다짐입니다.**

이 책을 써 내려가는 내내 끝없는 반성과 마주했습니다. 생각보다 많은 순간을 놓쳤고, 말보다 더 중요한 것을 몰랐으며, 누군가의 눈빛과 목소리를 외면했던 기억들이 새삼스레 가슴에 내려앉았습니다. 왜 그렇게 몰랐을까요. 그 순간들이 누군가에게 얼마나 아프고 외로운 기억이 되었을지를요. 사실 우리는 모두 처음부터 어른이 아니었습니다. 단지 나이를 조금 더 먹었을 뿐, 실수하고, 후회하고, 때로는 외면하며 여기까지 왔습니다. 그렇기에 이제는 "미안하다"는 말을 망설이지 않기로 했습니다. 그 말은 패배의 고백이 아니라 나아지겠다는 사람의 다짐이기 때문입니다.

어른이라는 이름이 가끔은 무겁고 버거울 때, 스스로가 부끄러워 고개를 숙일 때, 혹은 그저 '괜찮은 척'하는 자신이 싫어질 때가 있을 겁니다. 미안함은 부끄러운 게 아닙니다. 부끄러움을 마주하고도 그 자리에 머무르지 않겠다는 '따뜻한 의지'입니다. 그 마음이 모이면 우리는 조금 더 좋은 어른으로 나아갈 수 있습니다. 지금의 후회가 내일의 다짐이 되고 어제의 실수가 오늘의 성장이 되기를 바랍니다. 당신도, 저도, 어른이 되는 중입니다. 그러니 완벽하지 않아도 괜찮습니다. 단지 멈추지 않기만 하면 됩니다. 그리고 그 여정에 이 책이 조금이라도 함께할 수 있다면 저는 그것으로 충분히 기쁩니다.

괜찮습니다.
지금 이 마음을 잊지 않는다면,
우리는 여전히
누군가에게 따뜻한 어른이 될 수 있습니다.

# 참고도서

『논어』, 소준섭 역, 현대지성, 2018.

『대학·중용』, 박삼수 역, 문예출판사, 2023.

『대학·중용』, 김미영 역, 홍익출판미디어그룹, 2022.

『맹자』, 박경환 역, 홍익, 2019.

『노자 도덕경』, 남만성 역, 을유문화사, 2015.

『장자』, 김원중 역, 휴머니스트, 2023.

# 어른이 미안합니다

초판 1쇄 발행  2025. 8. 15.

**지은이**  이진우
**펴낸이**  김병호
**펴낸곳**  주식회사 바른북스

**책임편집**  주식회사 바른북스 편집부

**등록**  2019년 4월 3일 제2019-000040호
**주소**  서울시 성동구 연무장5길 9-16, 301호 (성수동2가, 블루스톤타워)
**대표전화**  070-7857-9719 | **경영지원**  02-3409-9719 | **팩스**  070-7610-9820

•바른북스는 여러분의 다양한 아이디어와 원고 투고를 설레는 마음으로 기다리고 있습니다.
**이메일**  barunbooks21@naver.com | **원고투고**  barunbooks21@naver.com
**홈페이지**  www.barunbooks.com | **공식 블로그**  blog.naver.com/barunbooks7
**공식 포스트**  post.naver.com/barunbooks7 | **페이스북**  facebook.com/barunbooks7

ⓒ 이진우, 2025
ISBN  979-11-7263-533-6  03810

•파본이나 잘못된 책은 구입하신 곳에서 교환해드립니다.
•이 책은 저작권법에 따라 보호를 받는 저작물이므로 무단전재 및 복제를 금지하며,
이 책 내용의 전부 및 일부를 이용하려면 반드시 저작권자와 도서출판 바른북스의 서면동의를 받아야 합니다.